JN240348

私たちは、トランプを選んだ

ルポ　アメリカ大統領選挙

日本経済新聞社　米州総局　編

日本経済新聞出版

まえがき　何が争われたのか

２０２５年1月20日、米国の第47代大統領に共和党のドナルド・トランプ氏が就いた。第45代から４年の「空位」を挟み、権力の座に返り咲いた。再選に失敗した元大統領が復権するのは、19世紀末に第22代と第24代になったグローバー・クリーブランド氏以来となる。文字通り、24年大統領選挙は米国史に残る歴史的な選挙だった。

米国の有権者はいったい何を争ったのか。何を守ろうとしたのか。

高インフレ、富の格差、不法移民が押し寄せる国境、人工中絶の是非、イスラエル・ガザ紛争、エリートへの反発――。米国の選挙はいわば社会運動の集合体だ。投票所に行って終わりではなく、有権者はそれぞれの思いから「祭り」に加わり、2年かけて候補者を押し上げる。

それぞれが抱える様々な理由や心情を第三者が単純に割り切ることはできない。「こんなものだろう」という知ったかぶりもご法度だ。現場で何が起きているのかを知りたかった。自分の目で見たこと、耳で聞いたことが真実なのか、肌感覚で得心いくまで確かめたかった。そんな思いから、日本経済新聞社の記者が米国中を飛び回った。本書はその記録である。

ここではその一端を示したい。たとえば、大統領選で勝敗がどちらに転ぶか分からない激戦州の一つ、南部ノースカロライナ州の大学4年生、コディさん。「大学生」だから「民主党支持」というわけではない。初めての一票をトランプ氏に投じた。保守的な中西部の出身で「民主党はエリート支配で共感できない。共和党にはキリスト教の価値観がある」と信じた。

首都ワシントンに生まれ育ち、語学教育に携わる70代の女性はこれまで一貫して民主党を支持し、今回も副大統領だったハリス氏に投票した。ただ選挙期間中からずっと不安にさいなまれた。民主党に十分な勢いを感じることができず、トランプ復権に備えて先々の仕事の予定をあらかじめ空けておいた。カナダなど海外への移住は「真剣な選択肢」だと考えている。

民主主義は一人の独裁者が終わらせることも、一人の英雄が救うこともできない。有権者全員がその命運を握る。しかし、選挙制度は有権者の意思をすべてすくい取ることはできない。

しかも米国では共和、民主の二大政党はいずれも相手を圧倒する多数派を作ることができず、全人口のおよそ18％にすぎない7つほどの激戦州が全体を決する状況が続いている。

歴史的、前例のないと形容された選挙であるにもかかわらず、候補者間の突っ込んだ政策論争は極めて乏しかった。突き詰めれば、虚偽をまき散らし、暴力や差別につながるような言動をいとわないトランプ氏の「人格への疑問」と、高齢不安から選挙戦を途中退場したバイデン大統領（当時）に急きょ代わって登板したハリス氏の「能力への疑問」をめぐる争いに終始した。

結果を知る立場から振り返れば、「4年前に比べて暮らしは良くなったと思うか」というトランプ陣営の問いが米有権者の心に最も深く刺さったのだろう。冷戦終結後から続いた経済のグローバル化はごく一部への極度な富の集中をもたらした。残されたのは、真面目に働いてきた人生を軽んじられ、否定され、裏切られたと感じる「その他大勢」の人々だ。

米国の有権者がトランプ復権を選ぶ土壌は長年にわたって堆積し、耕されてきたものだ。保守かリベラルかという、左右の分断で単純に説明することもできない。では、「報復」を公言し、自身の政敵を「中国やロシアより危険な内なる敵」と呼ぶトランプ氏が米国の民主主義の新たな象徴なのだろうか。

そう結論づけるのもまた早計だろう。確かに、共和党は連邦議会の上下両院の多数派も獲得し、トランプ氏は一般投票でもハリス氏を得票で上回った。政治的には完勝したといえるが、激戦州での得票率の差は平均で2ポイント台半ばにすぎない。

米国が内憂を抱え、足元がぐらついていることは、端から見ていても分かるだろう。過去4年、ロシアのウクライナ侵略、中東での報復の応酬と世界は「戦時」に入った。米議会が選んだ専門家による超党派の米国防戦略委員会は「米国が直面している脅威は1945年以来、最も深刻かつ困難」と指摘し、大規模戦争が生じる可能性に警鐘を鳴らす。

分断され、内向きに傾く米国自身が危機の震源にもなる。中国やロシア、北朝鮮、イランといった反米の枢軸は米国の疲労回復を待ってはくれない。世界の不安から米国だけ無縁でいることもできない。日本をはじめ同盟国は迷える米国とどう向き合っていけばいいのだろうか。

明日から始まる未来は、かつてない動乱の時代かもしれない。過去の延長線上のステレオタイプな「アメリカ」を語っても、進むべき針路は見えにくい。実際に米国で暮らす人々が何を懸念し、どんな希望を抱き、どう動いたのか。私たちの取材を追体験することで、皆さんの明日への針路の解像度が少しでも上がれば、取材者の一人としてこれほどうれしいことはない。

2025年2月　首都ワシントンにて

ワシントン支局長　大越　匡洋

（本書は日本経済新聞と電子版の記事をもとに加筆・再構成した。登場人物の年齢や肩書、社名、為替換算などは原則として新聞・電子版掲載時のままとした）

■トランプ氏が激戦7州すべてを制した(米大統領選2024)

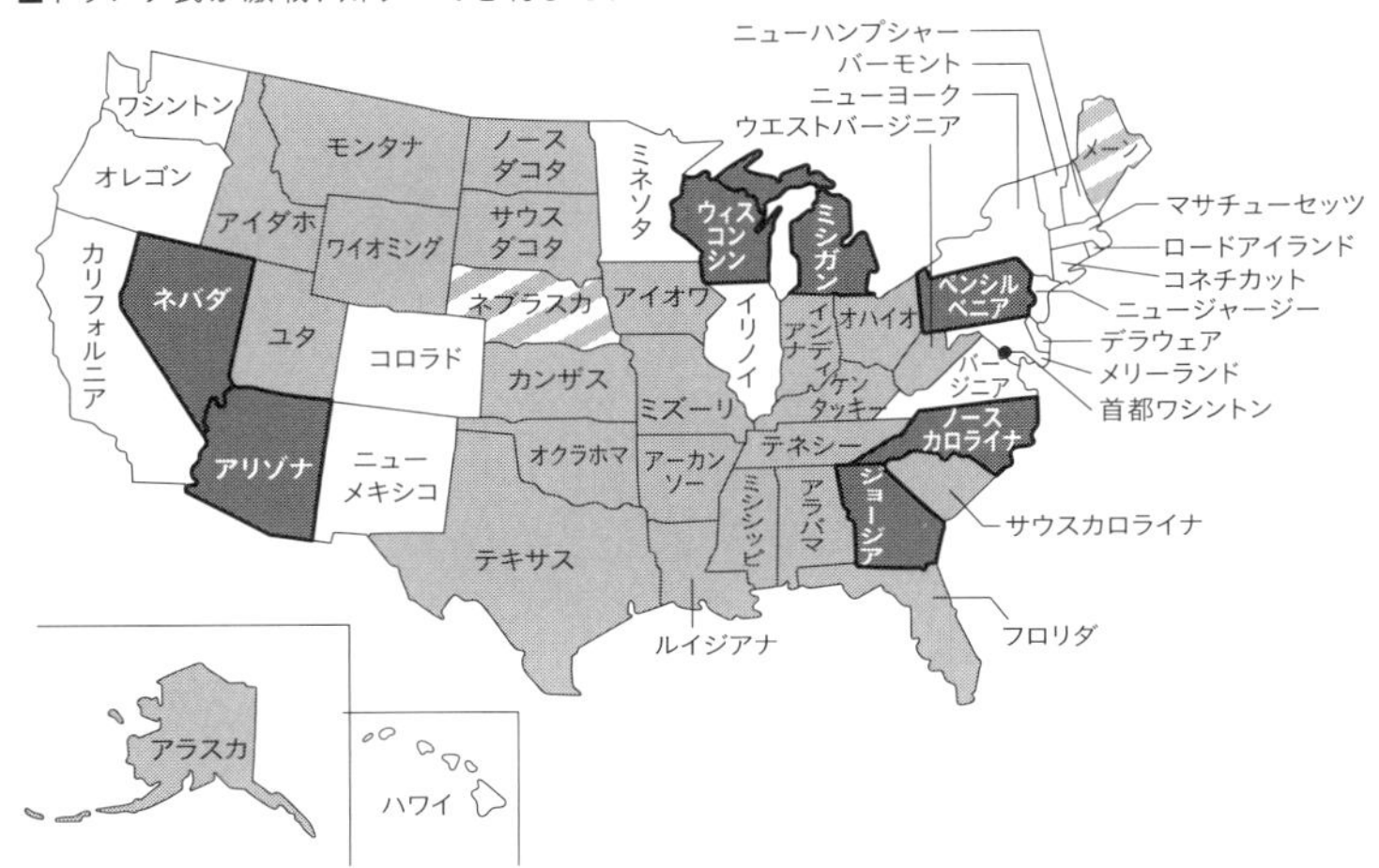

(注) 網掛けがトランプ氏が勝利した州。太枠が激戦州。斜線は勝者総取り方式を採用していない州

■米大統領選、候補者の支持率の動き

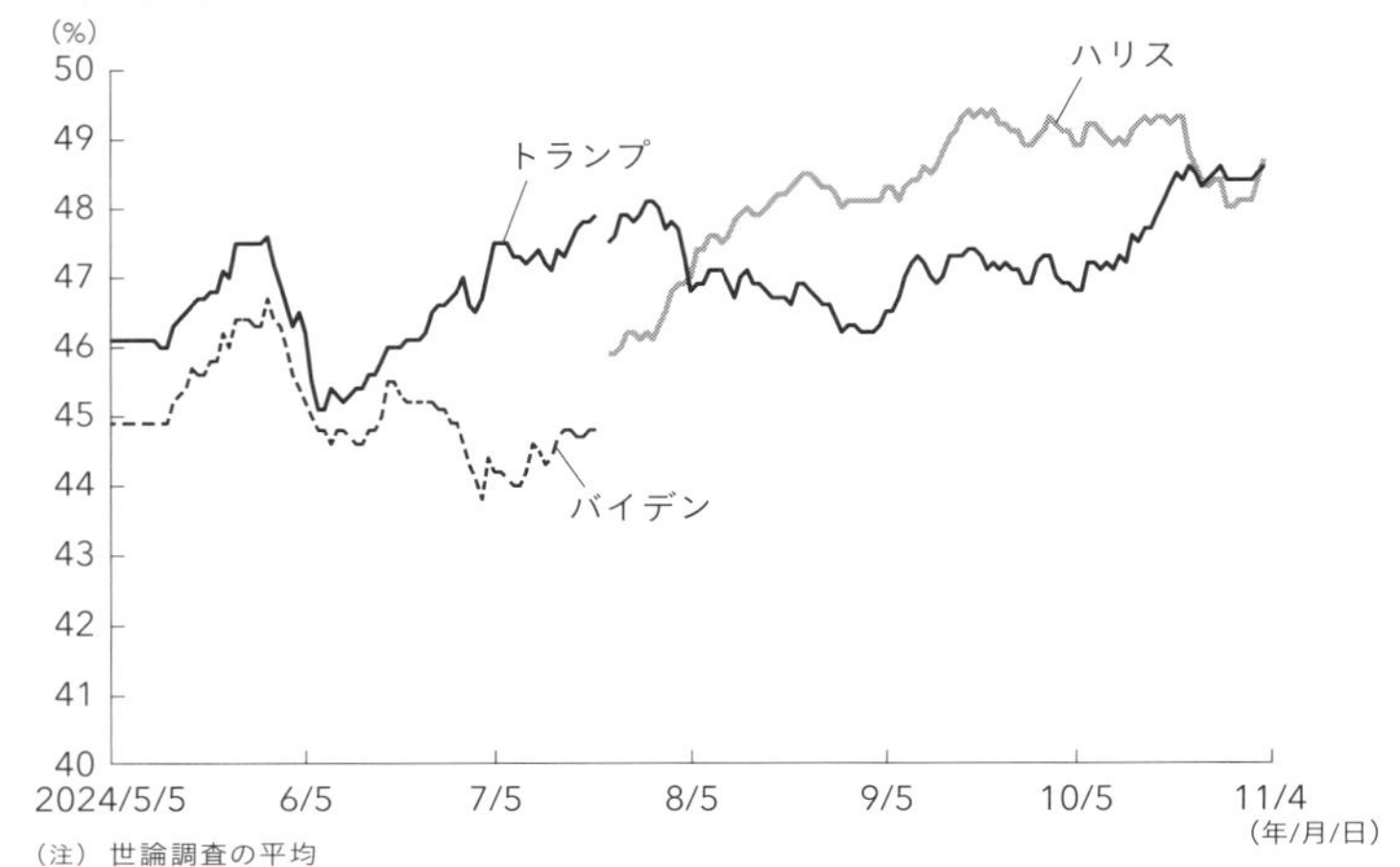

(注) 世論調査の平均
出所:リアル・クリア・ポリティクス

私たちは、トランプを選んだ——目次

第2章 揺れるアメリカ、突きつけられた「最悪の二択」（2024年5〜6月）

第3章

凶弾　バイデンからハリスへ（2024年7月）

第4章 吹いた風、つかめなかったハリス（2024年8～9月）

第5章 そして、トランプを選んだ(2024年10~11月)

第1章

トランプ再び、アメリカに熱狂と不安（2024年11月）

世界が見守った運命の11月5日

米大統領選で勝利宣言する共和党候補のトランプ氏（2024年11月6日、フロリダ州）
＝ゲッティ＝共同

●「米国人のための選択」

勝ったのはドナルド・トランプだった。

当初、11月5日投開票の米大統領選挙は結果判明までに少なくとも数日はかかる大接戦とも言われていたが、そんな予想はあっさりと覆された。元財務長官のラリー・サマーズ氏は午後

ニューヨークのトランプタワー前にはトランプ支持者が集まってきた（2024年11月5日、ニューヨーク）

7時に流れた出口調査で無党派層の一部がトランプ氏に切り崩されているのを知り、カマラ・ハリス氏の前途は「かなり暗い」と感じたという。

夜が深まると接戦州の一つ、ノースカロライナ州でトランプ氏の勝利が確実になった。日付が変わる頃になると、ニューヨークのトランプタワー前に勝利を確信したトランプ支持者が集まり始める。トランプコールが起こり、旗を掲げた支持者と警備員が揉み合いとなった。

トランプ氏が初めて大統領選挙を戦った2016年から一貫して支持してきたというニューヨーク在住のジョーさんは「米国人のための選択だ。カマラ（・ハリス氏）には何も政策はなかった」と叫んだ。トランプ支持者が多い白人だけではない。インド人や中南米出身のニューヨーク市民の姿も目立った。

同じ頃、トランプ氏も動き始めた。勝利した場合の演説会場となるフロリダ州・ウエストパームビーチのコンベンションセンターに、黒塗りの大型車数十台と救急車、警官のバイク数十台が到着した。会場に入りきれず、深夜まで屋外で

トランプ氏を乗せたとみられる車列に支持者数十人が歓声を上げた（2024年11月5日、フロリダ州）＝中尾悠希撮影

待っていた支持者数十人が車列に向かって「トランプ、トランプ」と歓声を上げた。

●「ハリス氏は明日話す」

ハリス氏は敗北を覚悟したのだろう。深夜になって、首都ワシントンのハワード大学での開票観戦イベントへの登壇をキャンセルした。勝利した場合には、勝利宣言の会場になるはずだった。陣営関係者は集まった支持者に「ハリス氏は明日話す」と説明した。

各地のハリス支持者の間で落胆が広がり始めた。激戦州ペンシルベニアのエリー郡では、開票イベントに参加していたライトさん(28)が「16年に(ヒラリー・クリントン候補を)初の女性の大統領を選ぼうとして失敗した時を思い出して、不安になる」と話した。

ハワード大にハリス氏支持者が集まったが、本人は登壇をキャンセルした(2024年11月5日、ハワード大)

11月6日午前1時45分ごろ、米保守系メディアのFOXテレビが「トランプ氏が当選」といち早く報じた。リベラル系の主要メディアは慎重だったが、CNN、NBC、ABCなどは相次いで最激戦地のペンシルベニア州でトランプ氏が勝利したと報じた。開票が進むほかの激戦州でもリードが伝えられるトランプ氏の勝利はもはや揺るがしがたいものになった。

6日午前2時を過ぎ、トランプ氏の次男エリック・トランプ氏が、演説の準備をしているとみられるトランプ氏の写真をXに投稿した。フロリダ州の会場には多くの支持者が詰めかけ、トランプ氏の登壇をいまや遅しと待ち構えていた。

演説の準備中とみられるトランプ氏（Xから）

●マスク氏は「新しいスター」

午前2時25分、トランプ氏がついにフロリダ州の支持者が集まる会場に姿を現した。

トレードマークの赤いネクタイ、ダークスーツと白いワイシャツに身を包んだトランプ氏は大歓声に包まれるなか、「誰もみたことのない規模のムーブメントだった」と選挙戦を振り返った。「とてつもない政治的な偉業を達成した」と大統領選挙での勝利を宣言した。「47代大統領を選んだ国民に感謝を伝えたい」。こう述べたトランプ氏は「あなたたちの将来のために毎日、私は全身全霊で戦う。子供たちにふさわしい強く安全で豊かな米国を築くまで休まない。米国は真の黄金時代を迎える」と約束した。

副大統領候補のJ・D・バンス氏も、トランプ氏に促されてマイクの前に進んだ。バンス氏は「素晴らしい旅路に参加させてもらった」とトランプ氏への感謝を述べた。そのうえで「米国史上最大のカムバックだ。史上最大の経済のカムバックもなし遂げる」と会場を盛り上げた。

トランプ氏が賛辞を惜しまなかったのが、選挙戦を資金面などで支えた米実業家のイーロン・マスク氏だった。トランプ氏はマスク氏を「新しいスター」だと称賛した。マスク氏が率いるスペースXの衛星通信システム「スターリンク」などについて、やや場違いに思えるほど長々と説明し、トランプ政権で「政府効率化省(DOGE)」を率いることになるマスク氏との蜜月ぶりを知らしめた。

大統領選の勝利演説後、ダンスを披露するトランプ氏
（2024年11月6日、フロリダ州）＝ロイター＝共同

最後は「トランプダンス」で

トランプ氏がどんな政策を進めるのか。世界が注目するなかで語ったのが、選挙戦最大の争点の一つ、国境問題だった。不法移民の大規模な強制送還を実施することを公約にしていたトランプ氏は「国境を封鎖し、人の流入を止める」と述べ、「移民の流入は合法でなければならない」との自説を繰り返した。

経済政策についても語った。「税金を引き下げる。誰にもできないことをやる」と話した。資源開発にも意欲を示し「私たちの国にはサウジアラビアよりも多くの地下資源が眠っている」と強調した。トランプ氏は「ドリル・ベイビー・ドリル（掘って掘って掘りまくれ）」を合言葉に、選挙戦で天然資源開発の強化を掲げてきた。

今回の選挙戦にどんな意味があったのか。トランプ氏は勝利演説の中で「自由と民主主義の大きな勝利だ」と語った。自身に銃口が向けられて負傷した暗殺未遂事件にも触れて「人々は神が私の命を救ったのには理由があると言う。それはこの国家を救い、米国を再び偉大にするためだ」と述べた。支持者には「一緒になし遂げよう」と呼びかけた。

演説の最後は「すべての米国民のため、米国を真に再び偉大にする。あなたたちの期待は裏切らない。米国の未来はより大きく、より良く、より大胆に、より豊かに、より安全に、そしてより強くなる」と締めくくった。選挙キャンペーンでおなじみだった「Y・M・C・A」の楽曲がかかると、トランプ氏は腰をぎこちなく動かしながら左右の拳を前後に突き出す独特な「トランプダンス」を披露し、支持者の声援に応えながら意気揚々と会場を後にした。

分断のアメリカ、トランプ氏への期待と恐怖

●「We are the world」を大合唱

トランプ氏が米国時間11月6日未明に勝利宣言をすると、同氏の支持者からは一斉に喜びの声が上がった。一方、民主党支持者はトランプ政権の再来に懸念を隠さなかった。歓喜と落胆――。政治分断が広がった米国では、今回選挙の勝敗に対する受け止めの差も激しかった。

6日未明、アリゾナ州都フェニックス。中心部のバーでは、トランプ氏再選確実との速報がテレ

トランプ氏の勝利を喜ぶ支持者ら（2024年11月6日、フロリダ州パームビーチ）＝中尾悠希撮影

ビで流れると、白人男性たちが肩を組み大合唱を始めた。店の中は混雑し、写真を撮ったり、話をしたりできないほどに盛り上がった。

1980年代のヒット曲「ウィー・アー・ザ・ワールド（We are the world）」を歌いきると、カウボーイハットをかぶった白人男性は話した。「不法移民ではなく我々に仕事が増える。本来の米国が戻ってくる」。トランプ氏が勝利宣言をすると、喜んだ男性は店の人々にビールを1杯ずつ振る舞った。

●「リベラルな政治には疲れた」

トランプ氏を熱狂的に支持する有権者を中心に、大方の想定を上回る勝利に対する喜びが広がった。6日、フロリダ州パームビーチのトランプ氏の邸宅「マール・ア・ラーゴ」周辺では、支持者十数人が集まり、旗を振って喜びを爆発させた。

弁護士として働く白人女性のシェーン・コールスさんは「リベラルな政治には、もう疲れた」と話した。民主党のリベラル思想が米国を間違った方向に進ませていると感じる。「トランスジェンダーのアスリートは、男性のような体格なのに女性の競技に出場している。おかしい」と憤った。2016年から共和党を支持しているという。

白人男性で自営業を営むダディオさんは車体にトランプ氏の絵を塗装した乗用車で登場し

た。今回の大統領選について「主要メディアのトランプ氏に対するネガティブな報道が（トランプ氏にとって）逆にいい方向に働いた」との感想を話した。

トランプ氏は主要メディアの報道を「フェイクニュース」と断じて支持者に信用しないように訴えており、メディアに対する反感がトランプ支持者を結束させたとみる。「トランプ氏には1期4年間の実績がある。何も心配していない。ハリス氏は（副大統領として）3年半の時間があったが、何もできなかった」と話した。

●「製造業を米国に戻せる」

トランプ氏は選挙戦を通じ、バイデン政権のもとでの歴史的な物価高や不法移民の急増による治安悪化に照準を合わせて民主党を批判した。演説では「4年前と比べて生活は良くなったのか」と繰り返した。メッセージを信じ、インフレなどが押し下げた生活水準が上向くと期待した有権者が一票を投じた。

激戦州ミシガンでトランプ氏が16年から3回続けて制したマコーム郡は黒人が多い近くの都市デトロイトと異なり、白人が住民の多数派だ。欧州ステランティス「ジープ」の工場の隣にあるバー「モーターシティ」で6日夕方、工場で半世紀働いて引退したデニスさん（71）がトランプ氏の勝利に祝杯をあげていた。

ステランティスの自動車工場で働いていたデニスさん（左）はトランプ氏に投票した
（2024年11月6日、中西部ミシガン州）

ジェフリー・スミスさん（2024年11月6日、ニューヨーク）

かつては全米自動車労組（UAW）に所属し、民主党を支持していた。リベラルな政策に偏っているとみて労働者の政党だと感じられなくなった。直近3回の大統領選はトランプ氏に投票した。「エネルギーコストを下げるというトランプ氏なら製造業を米国に戻せる。トランプ政権期の方が米経済は好調だったし、2期目はさらに良くなる」と話した。

ニューヨーク市の目抜き通り「5番街」にあるトランプ氏の本拠トランプタワー。6日未明、同氏の優勢を受けて駆けつけた白人男性のジェフリー・スミスさん（77）は「彼はイデオロギー（思想や信条）から始めるのではなく、国にとって何が良いことなのか見極めることから始める」と力説した。長年の支持者で以前、トランプ氏と同じ会社で働いたことがあるという。

●民主支持者は「絶望的な気分」

対照的に、民主支持者の落胆は大きい。5日夜にトランプ氏がノースカロライナ州で勝利したと伝わると、同州アッシュビルの集会所で開票速報をみていたハリス氏の支持者からは悲鳴が上がった。

弁護士の白人男性マイケル・グリーンさんは「とてもショックを受けている。全く逆の結果が出るはずだったのに」と目に涙を浮かべた。

ノースカロライナ州アッシュビル郊外のビール醸造所に民主党の支持者が集まった（2024年11月5日、ノースカロライナ州アッシュビル）

トランプ氏の優勢を受け、言葉少なに中継を見守る民主党支持者（2024年11月5日、ニューヨーク市マンハッタン）

トランプ氏の勝利でニューヨークの民主党支持者に失望が広がった
（2024年11月6日、ニューヨーク市マンハッタン）

民主党の牙城で、今回もハリス副大統領への票がトランプ氏を上回った東部ニューヨーク州や西部カリフォルニア州では失望を隠せない有権者が多かった。

繊維系の貿易会社で働く白人男性のジョシュアさん（34）は「自分のビジネスへの影響が心配だ。中国製の素材も扱っているため事業を見直さなければならない」と話した。自身も含め周りにハリス氏支持が多かった。「接戦を予想していたが、トランプ氏の強さに衝撃を受けた」

という。「絶望的な気分だ」と明かした。

●「トランプ氏はファシスト」

カリフォルニア州シリコンバレーで働くエンジニアに6日、トランプ氏再選について尋ねると、多くが口ごもり、発言を控えた。

インタビューに応じた米セールスフォースで働くインド系男性(36)は「トランプ氏は自分が犯した罪を赦免してしまうだろう」と憤った。人工知能(AI)など規制の先行きを巡って「トランプ氏は非常に気まぐれで、人に影響されやすいから何が起こるか予想できない」と懸念を示した。

サンフランシスコで働くエンジニアの30代のインド系女性は「本当にひどいことが起きた。言葉もない」と口数が少なかった。

巨大IT(情報技術)企業出身で、起業家の男性は匿名を条件に「トランプ氏はファシストだ。イーロン・マスク氏やシリコンバレーの一部の投資家がトランプ氏を支持したのが腹立たしい」と5日深夜に話した。

移民問題などで強硬な姿勢を貫くトランプ氏のもとで、米国の分断はさらに進む可能性がある。

「米国人が他の国の人から愚かだと思われるのではないか」。ニューヨーク市マンハッタンで話を聞いたトルコ系移民女性フリヤ・アスランさん（42）からは失望や落胆に加え、差し迫った不安が感じられた。

トランプ氏の移民排除の言動に不快感を覚えてきた。同氏の再選が確実となったいま、これから4年間の間に移民ビザの発給が締め付けられたり、移民に対する差別が広がったりすることに恐れを抱いていると話した。

砕かれた夢、破れなかった「ガラスの天井」

●「マダム・プレジデント」誕生ならず

米国で「女性大統領」実現の夢が再び打ち砕かれた。２０１６年のクリントン元国務長官に続き、民主党は女性のハリス米副大統領を候補に大統領選に挑んだが、共和党のトランプ氏に敗れた。24年11月6日にハリス氏が敗北を宣言した会場では、「マダム・プレジデント」誕生とならなかったことへの失望と、今後への待望論が交錯した。

「自由や機会、尊厳をすべての人たちが得られる

米大統領選での敗北を表明するハリス氏（2024年11月6日、ワシントン）＝共同

ようにこれからも戦っていく」。6日の敗北宣言で、ハリス氏は自らの政治活動は特定の性別や人種に属する人たちのためではなく、すべての人たちが公平に扱われる社会を目指したものだと訴えた。

16年当時、クリントン氏は、女性の昇進を阻む見えない障壁を指す「ガラスの天井」の打破を前面に打ち出して選挙戦を戦った。だが、男性票を固めたトランプ氏に敗れた。こうした過去の経験から、ハリス氏はあえて女性候補であることは強調しない戦略をとったが、再びトランプ氏に敗れるかたちとなった。

●白人女性の過半はトランプ支持

米CNNの出口調査によると、今回の大統領選で、男性の55%がトランプ氏を支持した。女性の場合、全体では過半がハリス氏支持だったが、白人の女性に限るとトランプ氏支持が53%に上った。女性が大統領を務めることを巡っては、男性だけでなく、女性の間でも根強い抵抗感がある様子が垣間見える。

米国の大統領は、世界最強の米軍の最高司令官でもある。米フェアリー・ディッキンソン大のダニエル・カッシーノ教授は「大統領選は伝統的に男らしさを競うものだ」と説明した。ハリス氏は人気司会者との対談で、銃を所持していることを明言し、「わが家に侵入すれば(その人は）撃たれることになる」と回答した。「女性だからといって弱いわけではない」とアピールする狙いがあったが、有権者を説得するには不十分だったようだ。

ハリス氏は敗北宣言の会場に、黒人大学の最高峰として知られる母校・ハワード大を選んだ。集まった支持者や学生たちに、ハリス氏が敗れた理由を聞くと「米国がまだ女性大統領を受け入れる準備ができていなかったから」との回答が相次いだ。「黒人」「アジア系」などハリ

大統領選当日夜と翌日、ハワード大に集まったハリス氏の支持者（2024年11月5〜6日、ワシントンDC）

ス氏の人種を理由に挙げた人は記者が話しかけた範囲ではいなかった。

ハワード大の学生シャニアさんは、ハリス氏の敗北に「深く失望している」と語った。「米国が女性の大統領を受け入れられるようになるまでには、まだ長い道のりがあることが分かった」と肩を落とした。

●「世間はまだ準備ができていなかった」

だが、変化の兆しもあった。

会場に集まったハリス氏支持者の半分近くは男性だった。彼らは「女性大統領の実現を心待ちにしていた」と熱く語った。

同大の学生ジャレットさんによると、「僕もほかの男友達も、みんなハリス氏が大統領になるのを楽しみにしていた」という。性別に関係なく、

男子学生ジャレットさん（中央）は、男性の友人もみんな女性大統領の誕生を心待ちにしていたと話した（2024年11月6日、ハワード大）

ハリス氏は「優秀で、大統領にふさわしい資質がある」と考えたからだ。だが、「残念だけど、世間はまだ準備ができていなかったようだ」と不満顔だった。

●「死ぬ前には女性大統領」

黒人男性のクインシーさん(48)は、ハリス氏が敗北した理由を「トランプ氏を熱狂的に支持する有権者の存在と、米国で根強い『大統領職を女性に任せることはできない』という偏見のせいだ」と話した。16年はクリントン氏を支持していたという。

応援していた女性候補が2度とも敗北したことには失望しているが、近いうちに状況は変わると信じている。「性別に関係なく、大統領に一番ふさわしい能力を持った人が大統領になる日が来る。自分が死ぬ前には、米国で女性大統領が誕生するよ」(クインシーさん)

頭脳明晰(めいせき)で、弁舌がたち、政治経験も豊かなクリントン氏やハリス氏が、大統領選では厚い壁に阻まれる。連続で女性候補が敗れる様子を取材すると「世界をリードする超大国米国で女性の大統領が誕生する日は、自分の人生ではもう来ないかもしれない」との印象さえ受ける。だが、男性のハリス氏支持者の言葉は力強い。近い将来、「三度目の正直」が訪れないとも限らない。

データで見る米大統領選1

トランプ氏、僅差でつかんだ完勝

●全米の得票数でもトランプ勝利

11月5日の米大統領選はトランプ氏が激戦7州すべてを制して勝利した。獲得した選挙人の数は共和党のトランプ氏が312、民主党のハリス副大統領が226でトランプ氏の完勝に映るが、激戦州での得票率の差は平均で2・6ポイントと小さかった。全米での得票差もわずかで、きわどい勝利だった面もある。

トランプ氏の圧勝のイメージを生んだのは、大統領選での獲得代議員数の差が開いたことに加え、全米の総得票数でもトランプ氏がハリス氏を上回ったことがある。上下両院でも共和党が過半数を確保して「トリプルレッド」を達成したことも大きい。

7つの激戦州で、トランプ氏はすべての州で民主党のハリス氏を上回る票を得た。労働組合が強く民主党の地盤とされてきた東部ペンシルベニア、中西部のミシガンやウィスコンシンの

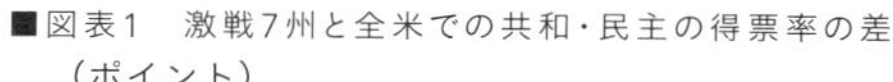
■図表1　激戦7州と全米での共和・民主の得票率の差

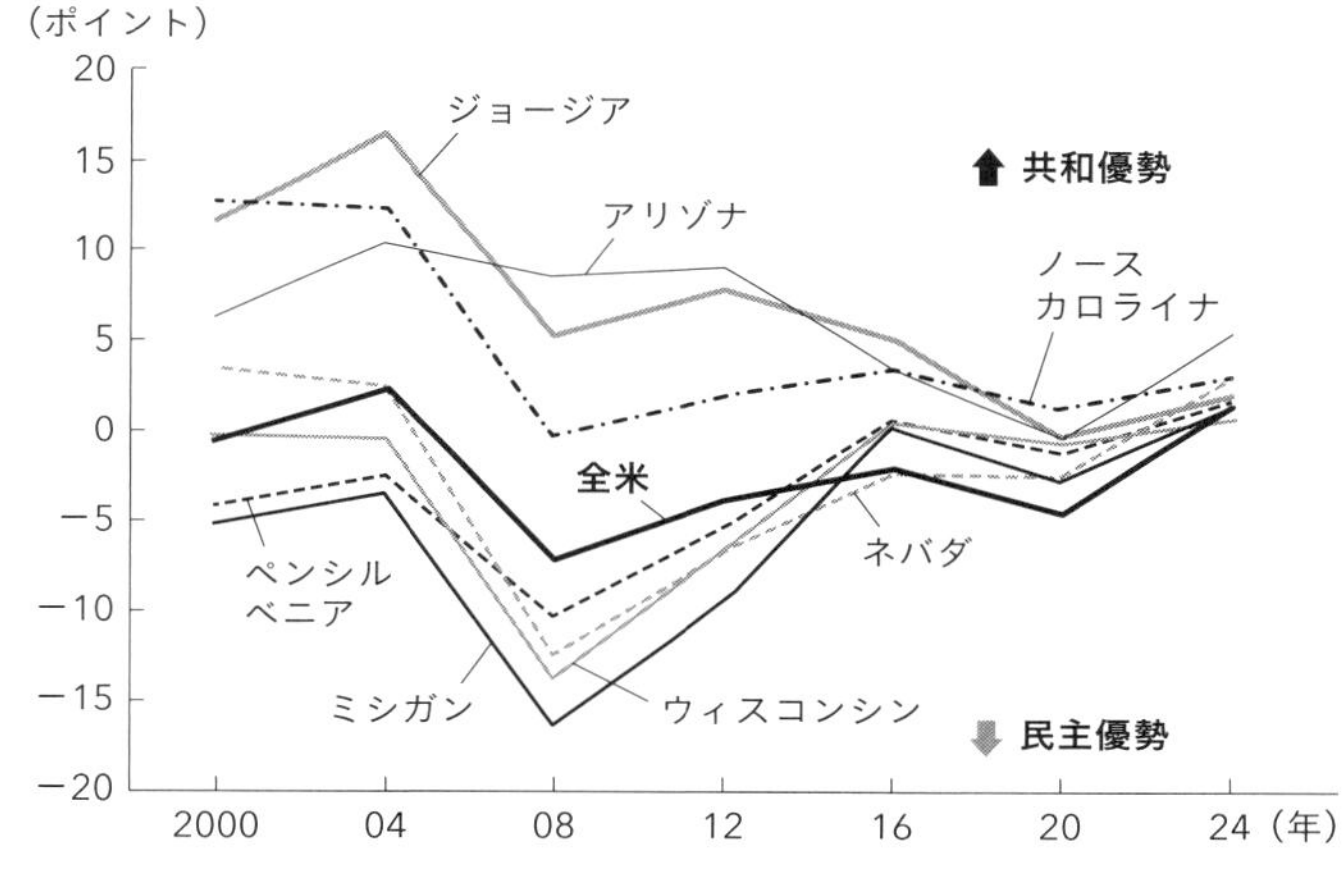

ラストベルト3州の奪還にも成功した。

有権者はほぼ真っ二つ

もっとも、トランプ氏がハリス氏を大きく引き離したとまでは言えない。

AP通信の開票データを分析すると、共和と民主の得票率のポイント差は最大だった西部アリゾナは5・5で、南部ノースカロライナは3・2、西部ネバダは3・1、南部ジョージアは2・2。ラストベルトの3州はペンシルベニアが1・7、ミシガンが1・4、ウィスコンシンが0・8という接戦ぶりだった。7州のうち、選挙人数が計44人のラストベルトの3州を奪っていれば、ハリス氏の勝利だった。

今回の選挙での7州の両党の得票差の平均は2・6ポイント。2020年の1・3、16年の

■図表2　激戦7州の共和・民主の得票差の平均

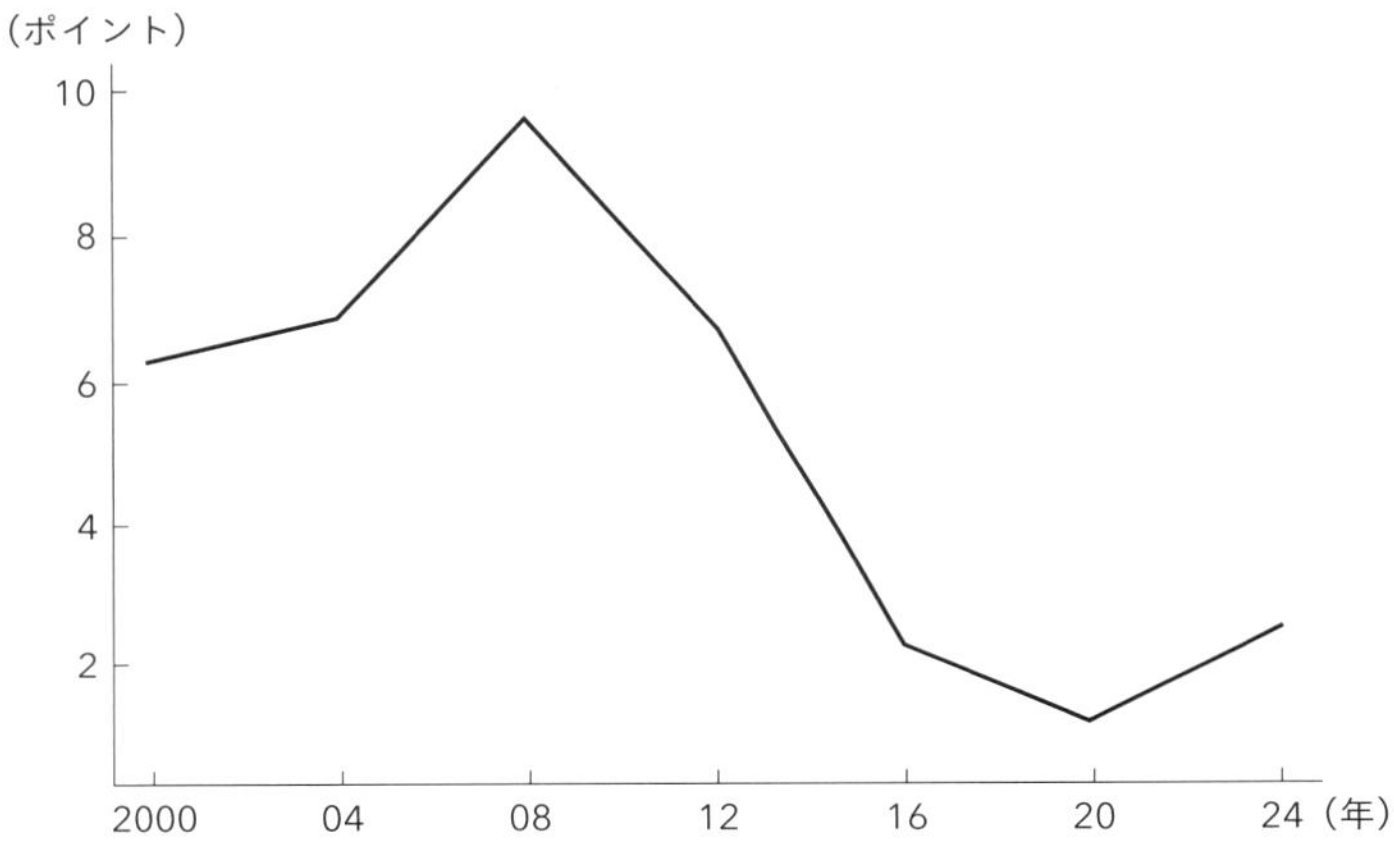

出所:AP通信、ハーバード大選挙データベース

2・4と比較するとやや拡大したが、2000年から12年までは常に6ポイントを超えていたことを考えると、直近3回の選挙はいずれも接戦だったといえる。

全米の有権者の投票を合計した総得票率はトランプ氏が49・9%、ハリス氏が48・4%だった。トランプ氏が民主候補のヒラリー・クリントン氏を破った16年の大統領選では、トランプ氏は総得票数でクリントン氏に及ばなかった。それと比べればトランプ氏に勢いがあったのは確かだが、有権者の判断はほぼ真っ二つに割れていた。

● 中間層に響いたトランプ氏の政策

際立ったのが、選挙戦でのトランプ氏の試合巧者ぶりだ。

米デンバー大のセス・マスケット教授（政治学）は「トランプ氏は過去2回の選挙よりも優勢な戦いをしたが、総得票数を見ると非常に僅差だった。トランプ氏はどこで選挙運動を展開すべきかをよく分かっていた」と振り返る。

トランプ氏は20年に敗れたラストベルトを2ポイント以内の得票差で奪い返した。有権者のボリュームゾーンである中間層に響きやすい関税強化による雇用確保や減税のほか、不法移民問題に焦点を絞った。ハリス氏が力点を置いた人工妊娠中絶の権利保護や気候変動対策より関心が高かった。

●世論調査の精度は向上

こうした「接戦」は事前の世論調査でもある程度予測できていた。終盤戦では各機関の支持率調査ではトランプ氏とハリス氏の差が全国レベルで1～2ポイント程度となる事例がほとんどだった。

政治分析サイト、ファイブ・サーティー・エイトで世論調査を担当するエリオット・モリス氏は「今回の調査の精度は以前の選挙から向上した」と話す。州レベルでの米世論調査を調べたところ、選挙結果との誤差は2・9ポイントと、4・7ポイントだった16年と20年から改善した。

ランダムに番号を生成して電話をかける調査法を廃止したり、過去の選挙結果を踏まえた重み付けを予測に取り入れたりすることが精度向上につながっているという。モリス氏は3ポイント以内の誤差は「歴史的に見て非常に小さい」と指摘する。

米国では政治的な分断が地域ごとに定着する傾向が強まっている。選挙人制度のもと、共和と民主の支持勢力が拮抗する州（激戦州）で浮動票を取り合う構図が続けば、今後も結果を予見しにくい「接戦」が続く可能性はある。

第2章

揺れるアメリカ、突きつけられた「最悪の二択」（2024年5～6月）

2-1

勝敗を握る若者たち「昔の顔」に困惑

米大統領選、Z世代が決める未来

米大統領選挙は民主党のバイデン大統領と共和党のトランプ氏の「再戦」という構図でスタートした。勝敗を左右すると注目されたのが、1990年代半ば以降に生まれたZ世代の有権者4000万人だ。Z世代の台頭は当初、リベラルのバイデン氏に有利とみられていた。だが、投票まで半年という時点になると、高齢の2人の候補に対して「どちらも選べない」との忌避感も漂い始めていた。

「テイラーの判断」に期待と不安

「大統領選でテイラーの判断が中立的な立場の人たちに影響するのは間違いない」。東部ペンシルベニア州シンキングスプリングに住むクリスティ・フィッシャーさん（28）は世界的人気歌手のテイラー・スウィフトさんの大ファンだ。

スウィフトさんは激戦州の一つ、ペンシルベニア出身。同じ病院で生まれたというフィッシャーさんは、熱狂的なファン「スウィフティーズ」の多くが大統領選で彼女の行動に従うとみていた。

スウィフトさんは女性の権利や多様性を重視し、若者らに選挙での投票を呼びかけてきた。スウィフティーズはそんな価値観に共感するZ世代の若者が中心だ。

バイデン、トランプ両陣営もスウィフトさんの動きが選挙戦の決め手になりうると注目していた。スウィフトさんは4年前に民主候補だったバイデン氏を支持したが、投票まで半年のこの時点では、意中の候補をまだ明かしていなかった。

■図表2-1　米国でZ世代の存在感が増している

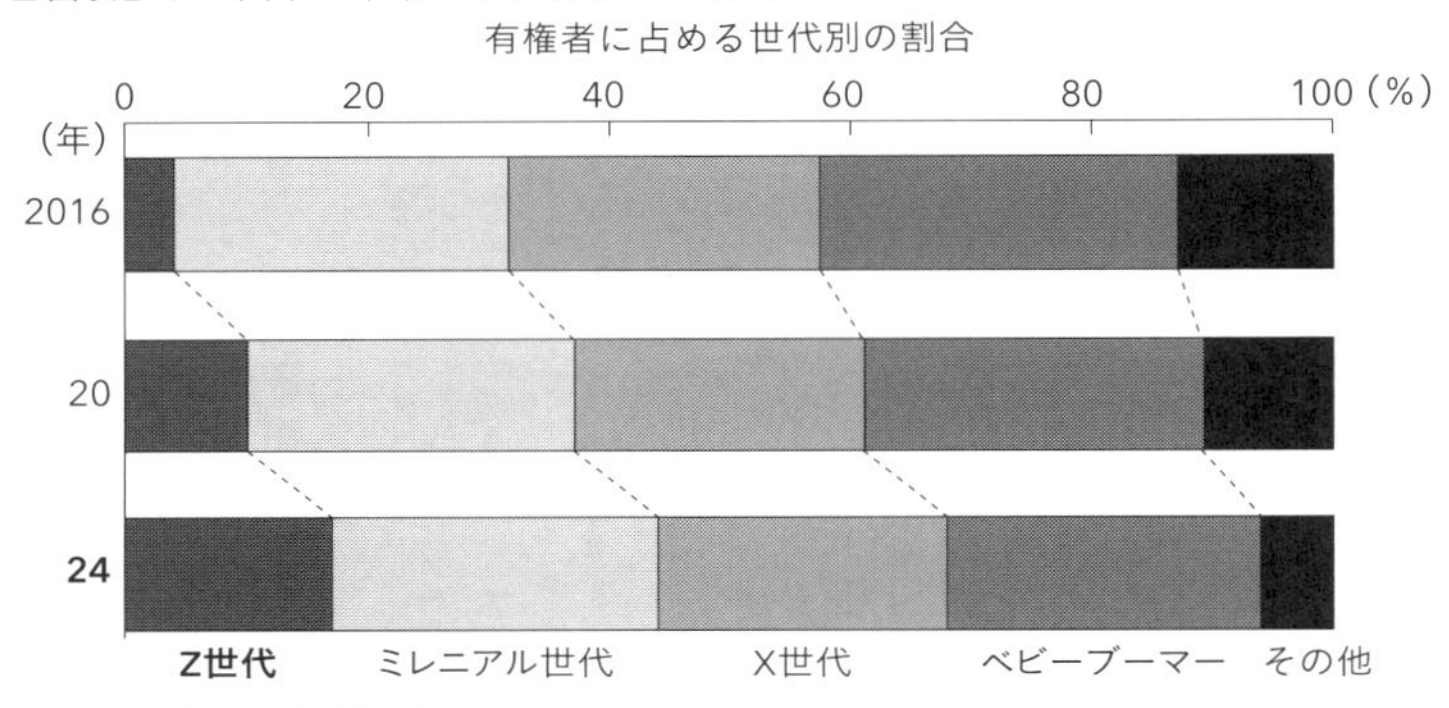

出所：米シンクタンク米国進歩センター

Ｚ世代が有権者の17％に

米国では近年、若者の一票の重みが増している。米国勢調査局の調べでは、２０２０年大統領選の投票率は66・８％で１２０年ぶりの高水準だった。米タフツ大の試算によると、20年大統領選は18～29歳の投票率が50％で、16年より11ポイント増加。若者の６割がバイデン氏を支持し、勝利の立役者となった。

18～27歳のZ世代の有権者は４０８０万人。米シンクタンク米国進歩センターによると、全体に占める割合は17％で16年より13ポイント、20年より７ポイント増えた。８年前のトランプ氏勝利の時にはほとんど投票できなかったZ世代が、今回の選挙ではキャスチングボートを握っていた。

「私たちには助けが必要だ」。初のZ世代議員である民主のマックスウェル・フロスト下院議員はスウィフトさんがファンに投票を促すことに期待を示した。

トランプ氏は警戒を隠さなかった。在任中に音楽配信サービスの著作権保護を強化する制度をつくったとSNSで誇示し「彼女（スウィフトさん）が大金を稼げるようにした男に不誠実であるはずがない」と釘を刺した。

過去の大統領選では、選挙のたびに勝利政党が入れ替わるスイングステート（揺れる州）を制した候補が勝者になった。16年大統領選で激戦7州のうち6州を獲得したトランプ氏が勝利。20年は6州を取ったバイデン氏が当選した。スウィフトさんの出身地であるペンシルベニアはその象徴的な州の一つだ。

●トランプ思想に拒否反応も

米リアル・クリア・ポリティクスが集計した世論調査の平均によると、投票半年前の時点では、ペンシルベニアを除く6州でトランプ氏が優勢を維持するが、差はわずか。テイラー効果のような風ひとつで情勢は変わるとみられていた。

共和党のシンボルカラーから「赤くなった」と評される南部フロリダ州。地元のトランプ氏が16年、20年をいずれも制した。しかし、バイデン陣営は「簡単ではないが、フロリダでも勝てる」と強気だった。

フロリダ州最高裁判所は24年4月、妊娠15週以降の人工妊娠中絶を禁止する現行法の支持を発表した。5月には妊娠6週以降の中絶禁止法が発効されることになっていた。22年の連邦議会上下両院選で民主善戦を後押しした中絶問題を取りあげ、再び追い風にしようというのがバイデン陣営の狙いだった。

インスタグラムで世界に2・8億人のフォロワーを抱えるスウィフトさんの行動は確かに若者の政治への関心を高めた。ただ、実際の投票に結びつくかはあくまで候補者や掲げる政策の魅力次第で、テイラー・スウィフト効果の限界を指摘する声もあった。

●「どちらにも投票したくない」

81歳という米国史上最高齢の大統領であるバイデン氏にとって若年層離れは悩みの種だった。米紙ウォール・ストリート・ジャーナルの調査によると、バイデン氏の30歳以下の支持率は50%で4年前の勢いはなかった。「どちらにも投票したくない」という若者も目立った。

中東情勢の緊迫も逆風となっていた。ハーバード大などの調査によると、18~24歳の51%はハマスによるイスラエル攻撃を「正当」と考え、「正当化できない」が約9割の55歳以上との顕著な違いをみせた。米国のイスラエル支援に厳しい目が向けられ、全米の大学で抗議運動が広がっていた。パレスチナに注目が集まるほどバイデン氏から若者票はこぼれていった。

■図表2-2　世界でZ世代の一票の重みが増す

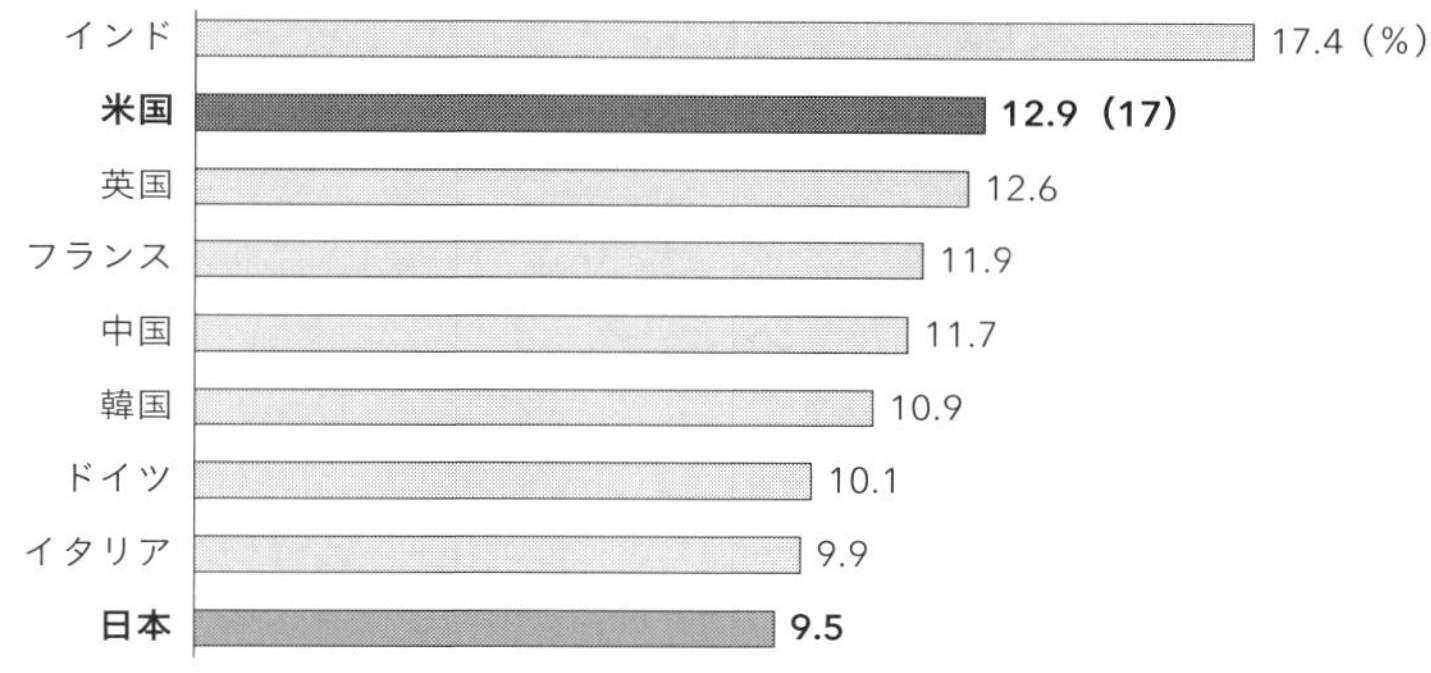

（注）18〜27歳が全人口に占める割合。米国のカッコ内は有権者に限った割合

米ジョージ・ワシントン大のトッド・ベルト教授は「環境保護や中絶禁止への反対、民主主義の維持などでバイデンは若者を引きつける有利な立場にある」と話した。問題はその立場を生かせるかで、中東問題などで若者が冷ややかになれば「バイデン氏にとって致命傷になる」と警告していた。

Z世代の存在感は、米国だけでなく世界で高まっている。多感な時期に世界金融危機や新型コロナウイルス禍を経験し、米国内や世界各地で深まる対立を目の当たりにしてきたのがこの世代だ。4年に1度の審判を迎える米国は処方箋を示せるのか。未来の担い手が投じる一票が分断後にどんな世界をもたらすのかが注目されていた。

米人口大移動、保守派に高まる危機感

●テキサスに「青い都市」

「ここは人も親切だし、とてもクールだ」。ＩＴ企業に勤めるリー・シーさん（34）は2年前にテキサス州オースティンに移り住んだ。ＩＴ産業が集積していることに加え、州が所得税を免除していることが決め手となったという。

テキサス州は保守的な共和党地盤の「レッドステート（赤い州）」だが、オースティンはリベラル派の民主党支持者が多い「ブルーシティー（青い都市）」だ。アップルやテスラ、アルファベットなど名だたるテック企業がオフィスを構える。

テキサス州全体では１９８０年以降のすべての大統領選で共和党候補が勝利している。だが、オースティンがあるトラビス郡では２００４年以降、民主党候補が毎回過半数を占め、前回20年の選挙ではバイデン氏が7割を超える票を得た。

米国で州をまたいだ人口移動は年800万人を超え、10年以降で最高となった。背景には、財政支援などを目当てに有力なテック企業が米南部に拠点を移していることや、移民の一段の増加がある。

「アリゾナ現象」は広がるか

人口の大移動は民主、共和の勢力図を塗り替える破壊力を持つ。

■図表2-3　激戦州と人口流入の多い州は重なる

順位	州	人口（万人）	前年比（万人増）
1	フロリダ	2,204	74
2	テキサス	2,967	67
3	カリフォルニア	3,863	48
4	ノースカロライナ	1,059	34
5	ジョージア	1,079	33
6	ニューヨーク	1,947	30
7	アリゾナ	729	28
8	バージニア	859	27
9	ペンシルベニア	1,285	26
10	ワシントン	771	25

（注）■は激戦州
出所：米国勢調査、2022年

米西部のアリゾナ州はもともと共和党有利の土地だった。テック企業で働くリベラル派の民主支持派が移り住み、激戦州に変貌した。20年の大統領選挙ではバイデン氏が僅差でトランプ氏を破り、政権交代の原動力となった。

テキサス州ではトランプ氏が勝利したが、52％対46％の接戦だった。リベラル派と移民の流入が続く構図はアリゾナ州と重なる。将来は民主と共和が競り合う「揺れる州」に転じるとの見方もある。

■図表2-4　米人口に占める移民の割合は100年ぶりの水準

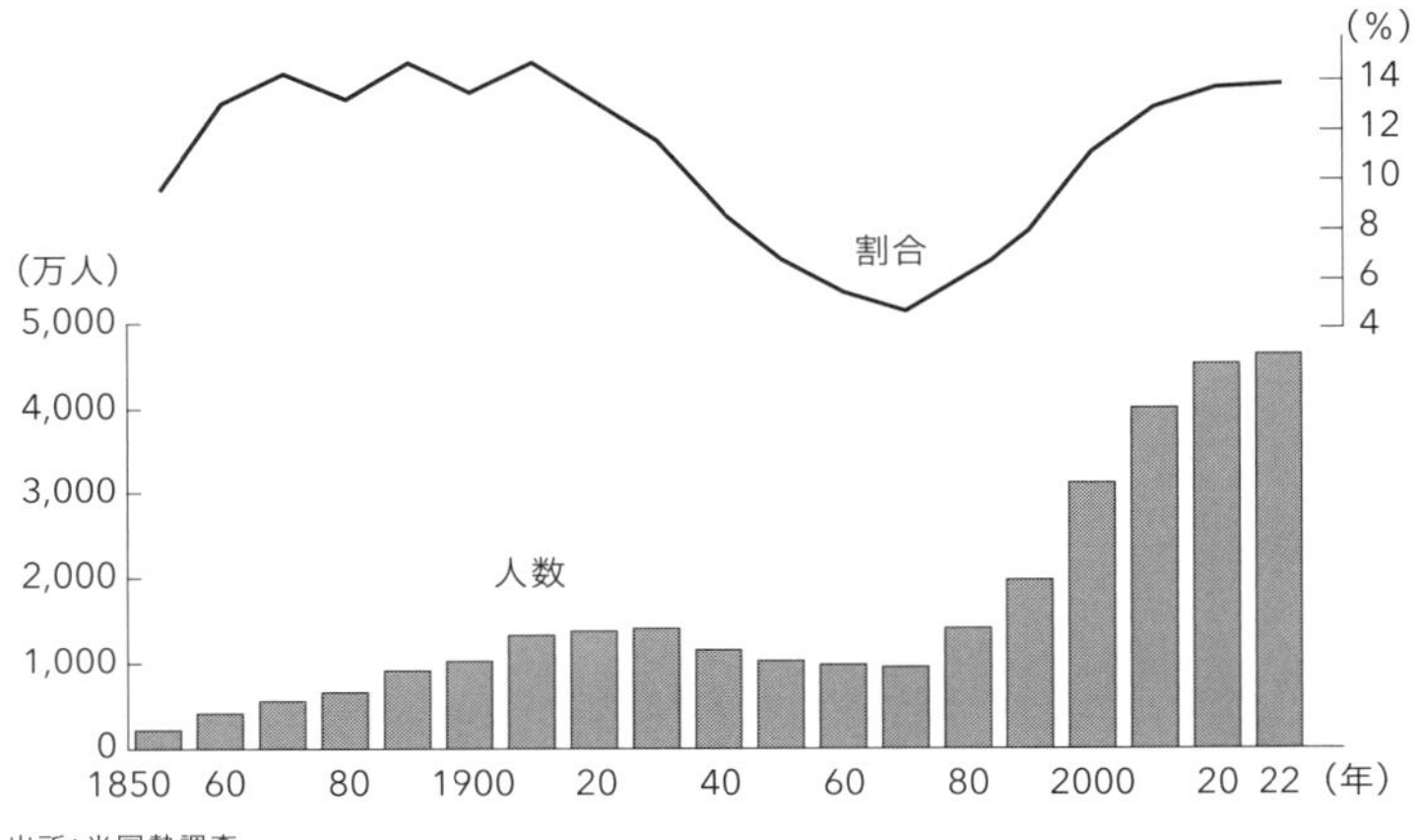

出所：米国勢調査

リベラル派の流入だけでなく、移民の増加も保守の牙城を揺さぶる。流入した移民やその子どもたちが米国籍を得れば、リベラルで移民に寛容な民主党に票が流れる可能性がある。

米議会予算局（ＣＢＯ）は24年1月、１２１万人とみていた24年の流入数の推計を一気に３３０万人に引き上げた。移民に厳しい政策を打ち出したトランプ前政権からバイデン政権に代わり、米国を目指す人が増え続けていた。

米国勢調査によると、米国では全人口に占める移民（海外生まれの米国人）の割合は22年に約14％と約１００年ぶりの水準にまで高まった。

●「白人は差別されている」

「トランプ政権の時はこれほど大がかりな移民の流入はなかった」。16年と20年に2度トランプ氏

■図表2-5　2045年には白人が米国で半数を割り込む

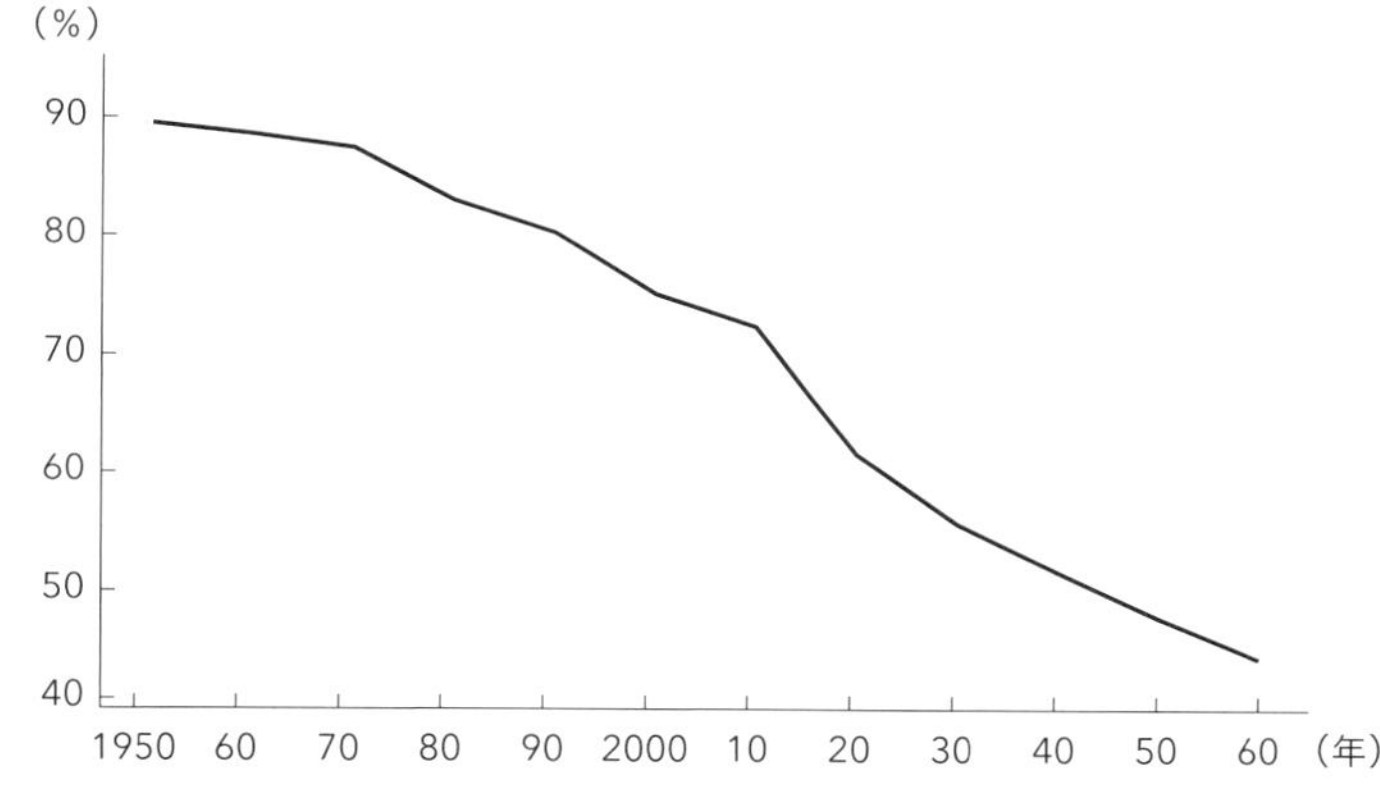

(注) 自らを純粋な白人と位置づける人の割合
出所：20年までは米国勢調査、以後は米テキサスA&M大学推計

に投票したヒューストンのソフトウエア会社勤務、ジェフ・ブランバーさん（55）は不満を隠さなかった。「どんな国であっても国境をコントロールする権利があるし、その必要がある」とバイデン政権を批判した。

白人男性が多い保守派の危機感は強い。テキサス大の24年2月の調査によると、合法的移民が多すぎると答えた共和党員の割合は7割に達した。過去最高となる52%が人種の多様性が増すことを「懸念すべきことだ」と回答した。

同大の23年の調査では白人が差別されていると感じる共和党員が7割弱に達した。デポー大のエミット・ライリー准教授の分析では、16年の大統領選では白人が不当な扱いを受けていると考えた人の多くがトランプ氏を支持した。

米国で自らを純粋な白人と定義する人の割合は

■図表2-6　主要国の移民の流入数

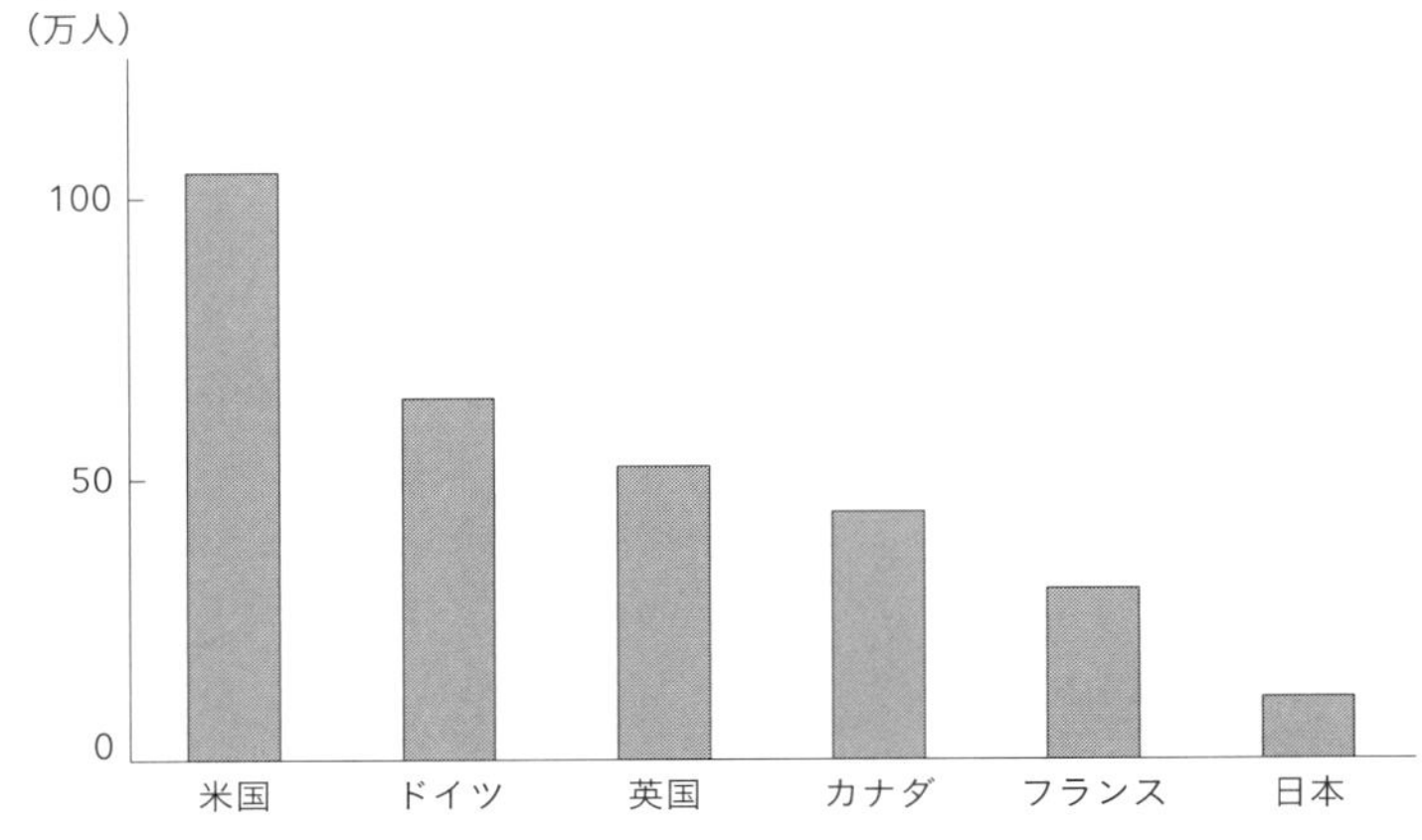

(注) OECD、2022年、永住権取得者

下がり続けている。第2次世界大戦直後の9割から20年には約6割に低下。いずれは自分たちが少数派になるという焦りが保守派に結束を促していた。

右派は何に怒っているのか

米社会学者のアーリー・ラッセル・ホックシールド氏は16年に著書『壁の向こうの住人たち——アメリカの右派を覆う怒りと嘆き』(岩波書店)で右派について、アメリカンドリームにつながる長い列に辛抱強く並び、列に割り込む移民らに憤る人々として描いた。列への割り込みを助けているようにみえる米政府にも怒りを抱く人々だ。

100年前も東欧や南欧からの移民が殺到し、雇用が奪われるとの危機感から排斥の動きが広がった。中間層を支えた製造業の雇用が増えにくくなった現代も、批判の矛先は移民に向かいやすい。

バイデン氏は24年3月の一般教書演説で、低所得層や中間層への再分配の強化を訴えた。だが、人々の不満や怒りの理由が経済以外にもあるのだとすれば、問題の解決につながるかは不透明だ。かつてない規模で人が国境を越えるいま、米国で深まる分断は世界にとっても人ごとではなくなっている。

民主の牙城・労働組合にトランプ支持の波

●ＥＶ補助金は「中国を利する」

「私はトランプに投票する。ショーン・フェイン（会長）がどう考えようと関係ない」。中西部ミシガン州の米フォード・モーターのボディー工場で働くジェームズ・ベンソンさんは、バイデン大統領支持を決めた全米自動車労組（ＵＡＷ）執行部の方針に公然と異を唱えた。勤務歴25年の組合員だ。

理由はバイデン政権の環境政策だ。ＥＶ補助金の多くはテスラや海外メーカーなどに使われ、自分たちの利益にならない。会社のＥＶ戦略は迷走し、配置換えも頻繁に起きる。「売れていないＥＶをなぜ税金を使ってまで買わせるのか。

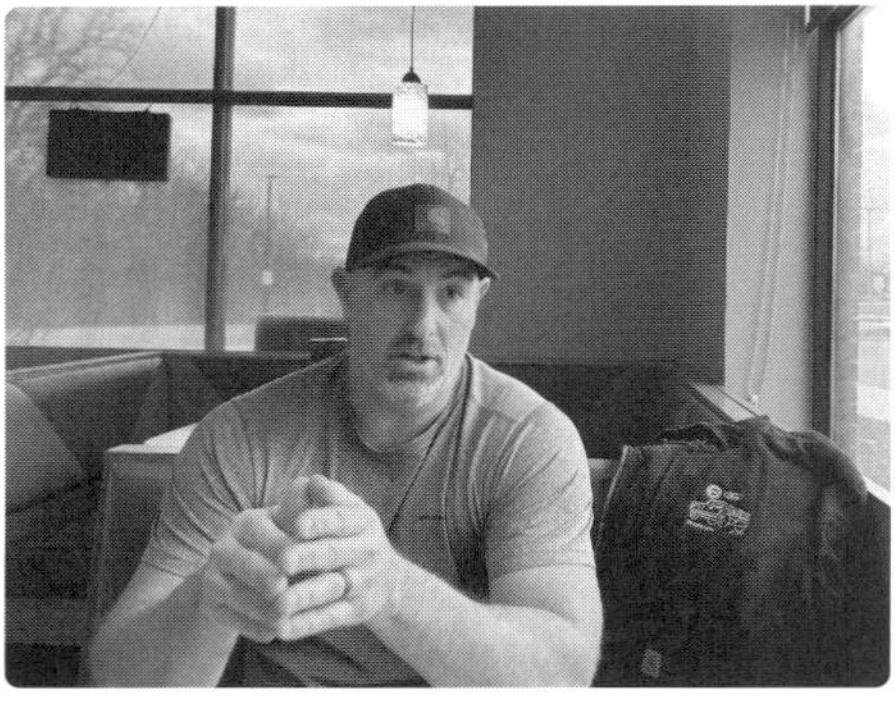

トランプ氏支持のジェームズ・ベンソンさん。脇に掛けたジャケットには労組のロゴがある
（2024年4月、ミシガン州ディアボーン）

■図表2-7　EV普及策、伝統的な製造業に恩恵乏しく

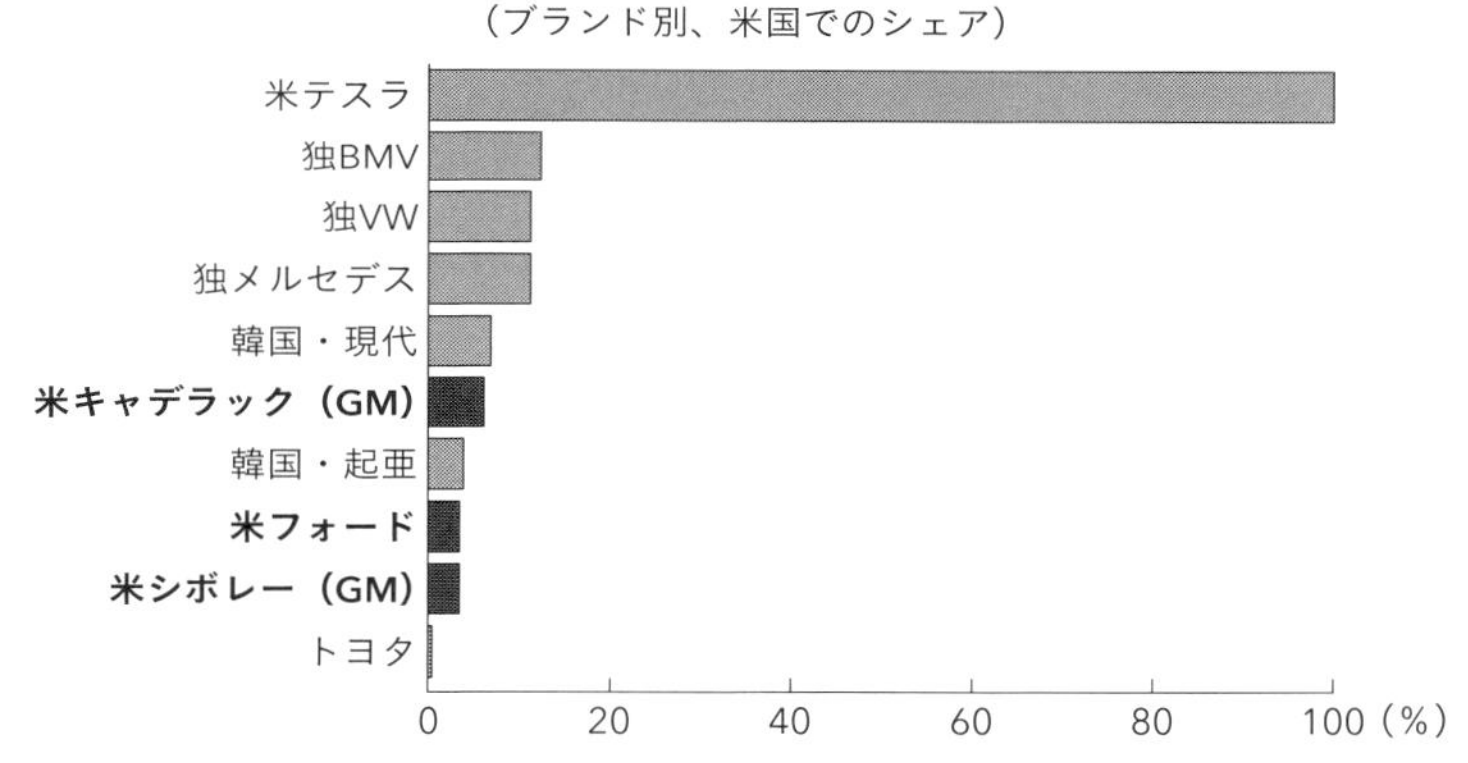

出所：ケリー・ブルー・ブック

中国を利するだけだ」」。職場では過半数が「反EV」政策を掲げるトランプ氏支持だという。

自動車の街、デトロイトを擁するミシガン州は2016年の大統領選では1万票差でトランプ氏が、20年には15万票差でバイデン氏が勝った。共和と民主が競り合う「揺れる州」で、40万人の組合員を持つUAWの組織票は結果に大きな影響を与える。

●保護主義は「正しい」

製造業でトランプ氏への支持はどれほど広がっているのか。日本経済新聞は自動車・鉄鋼大手の従業員が大統領選でどの候補に寄付したかを米連邦選挙委員会（FEC）のデータで調べた。

トランプ氏が初めて大統領選に出馬した16

■図表2-8　製造業におけるトランプ支持が拡大

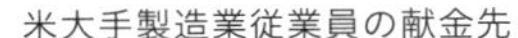

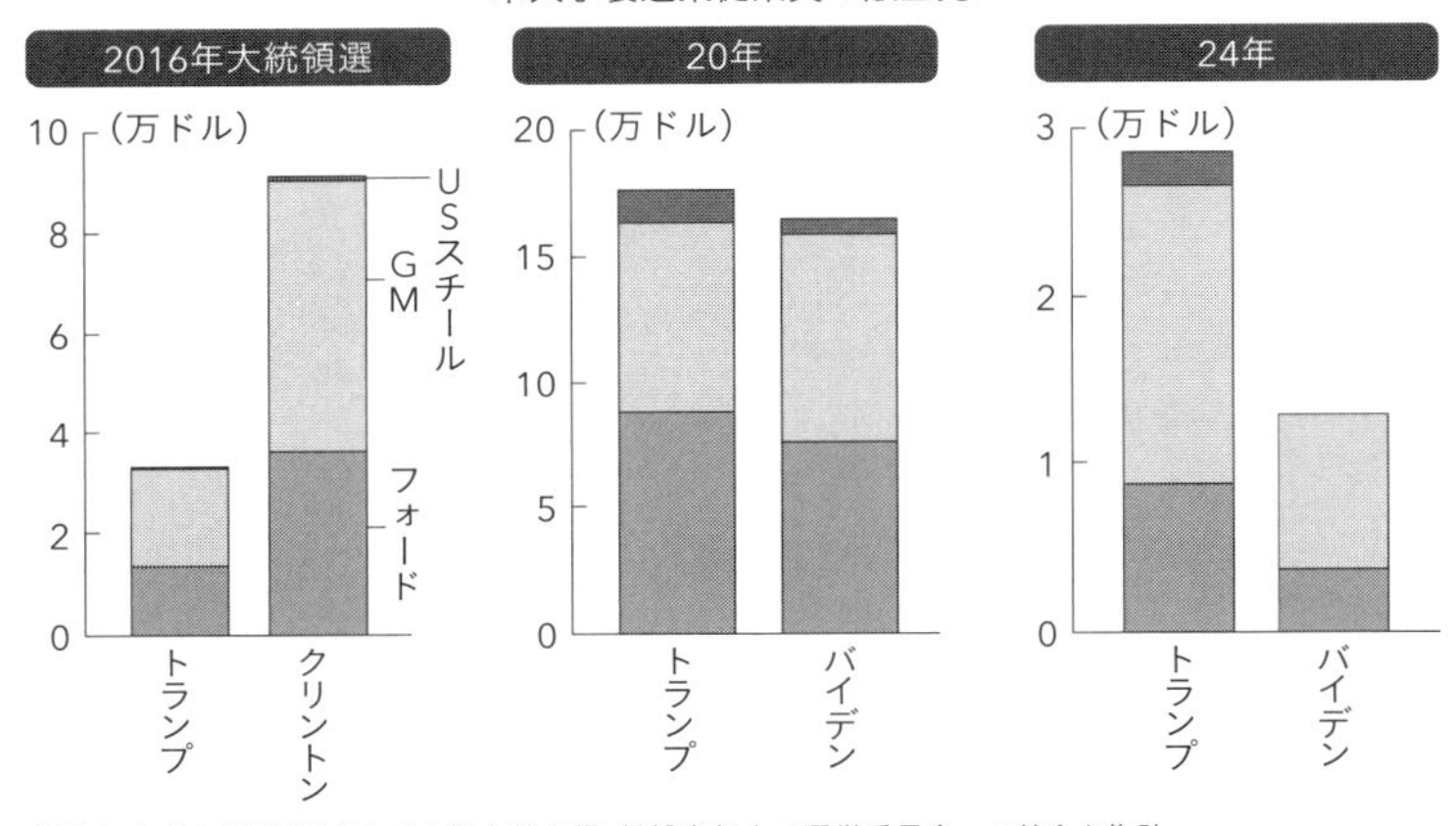

（注）24年は4月半ば時点までの個人献金額。候補者個人の選挙委員会への献金を集計

年、従業員が寄付した候補で最も多かったのはフォード、ゼネラル・モーターズ（GM）とも民主党のヒラリー・クリントン氏だった。2位が民主左派のバーニー・サンダース氏で、トランプ氏は大きく水をあけられた。

ところが今回の選挙ではフォード、GMともに24年4月半ば時点でトランプ氏がバイデン氏の2倍程度を集めて圧倒していた。米国の個人献金全体ではバイデン氏がトランプ氏を上回るが、製造業ではトランプ人気が際立っていた。

「安価な外国製品の流入で米鉄鋼業界は長年苦戦してきた。一部の組合員は保護主義的な政策を『正しい』と受け止めた」。こう語ったのは鉄鋼業を中心とする全米鉄鋼労働組合（USW）の東部ペンシルベニア州支部代表、バーニー・ホール氏だ。伝統的に民主支持のUSWでも、最近は組合員の一部がトランプ支持に流れているという。

USスチール買収は「瞬時に阻止」

USWは日本製鉄によるUSスチールの買収に強く反対していた。バイデン氏も買収に慎重な姿勢だったが、トランプ氏は24年1月「私なら瞬時に阻止する。絶対にだ」とさらに踏み込んだ。USスチール従業員からの個人献金でも、トランプ氏が首位に立った。

23年9月、UAWはGMやフォードに対して異例のストライキを断行し、大幅な賃上げを勝ち取った。労使交渉を後押ししたのはバイデン政権だが、選挙戦での支持には必ずしもつながらなかった。

米国では長年、労組の組織率の低下が進んできた。ワシントン大のジェイク・ローゼンフェルド教授は「労働者層の共和支持率の上昇と組合の地位低下が進めば、トランプ氏に（支持が）流れる動きは止まらなくなる」と語った。

変質する共和党、自由貿易に試練

市場経済を重視し、企業経営者などを支持基盤としてきた共和党は、トランプ氏が大統領になり選挙戦略が変わった。白人の労働者層を取り込むための保護主義的な政策を前面に打ち出

■図表2-9　米国で保護主義が強まっている

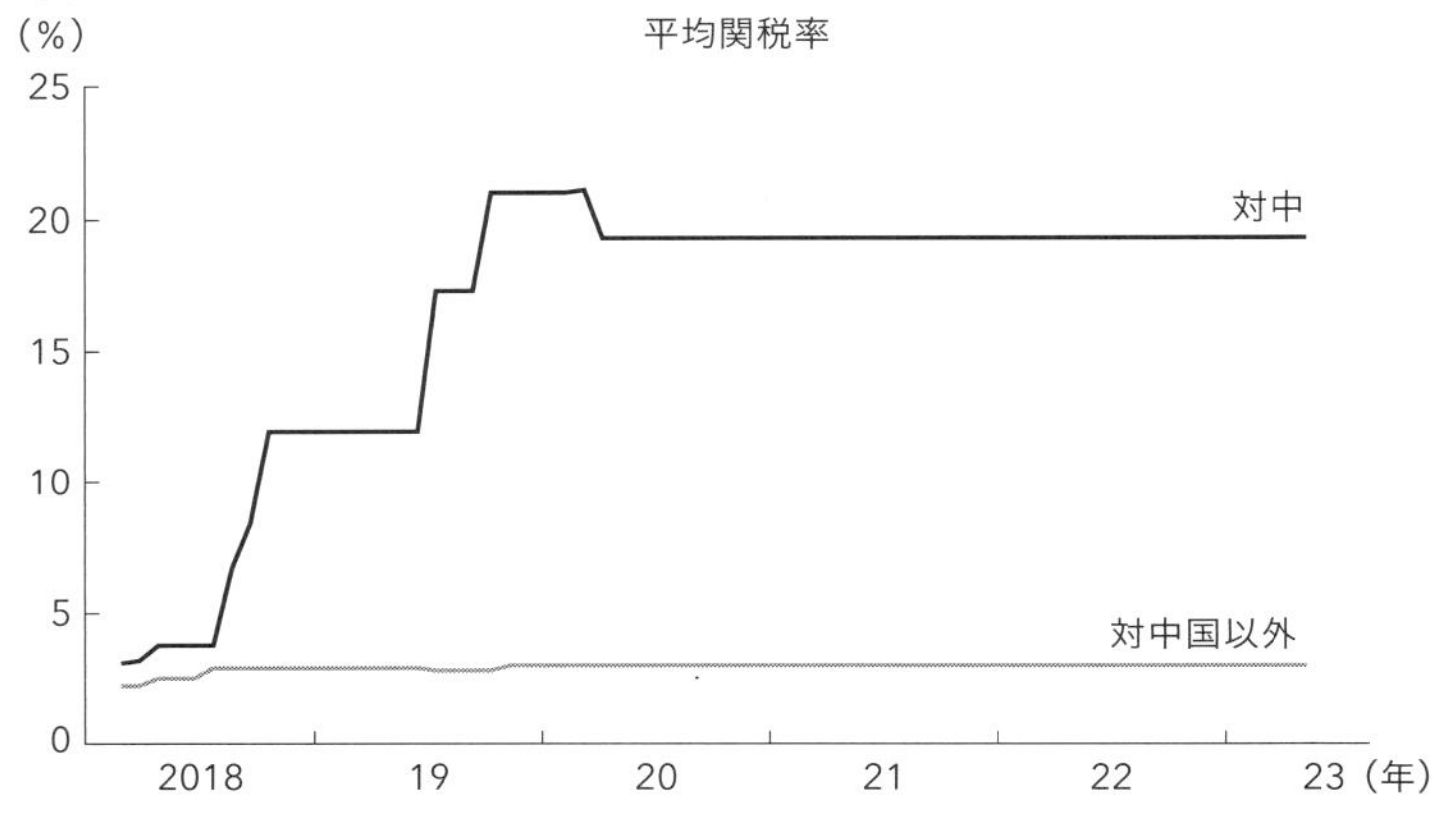

出所：ピーターソン国際経済研究所

すようになった。

米ピーターソン国際経済研究所によると、トランプ政権下で米国の平均関税率（中国を除く）は2・2％から3％に上昇した。最大の貿易相手だった対中国では最高で21％まで引き上げた。バイデン大統領の就任後も、高関税政策はほとんど変わらず、23年の中国からの輸入は前年比2割減となった。

開かれた市場と健全な競争による企業の新陳代謝こそが米国の強さの源泉だった。ところがバイデン氏もトランプ氏も票田であるブルーカラー層を奪い合い、自由貿易を推進する役割を放棄していた。共和党と民主党が保護主義を競う状況が続けば、米国経済は活力を失いかねない。世界経済への逆風も強まることになる。

それでも私たちは投票する　点描・Z世代

11月5日の米大統領選挙まであと半年の段階で、取材班は全米各地に散らばり、米国の有権者が選挙に何を期待しているのか、生の声を集めた。「最悪の二択」ともいわれる選挙戦で、米市民は揺れる心中を明かしてくれた。

●「テイラーが呼びかければ」

1776年に独立宣言が採択された「建国の地」、東部ペンシルベニア州フィラデルフィア。大学3年生のディレイニー・グルーバーさん（21）は人気歌手テイラー・スウィフトさんの大ファンだ。大統領選でも、スウィフトさんと同様に女性の権利や多様性の尊重などに関心を持った。

スウィフトさんが幼少期を過ごした同州レディングから車で1時間ほどの町で生まれ育った。失恋や世間のバッシング、女性差別に負けずに世界的スターへと成長した姿を見て「女性としてのロールモデルだ」と感じ、「テイラーのおかげで私の政治への関心はますます高まった」という。

最も重視するのは中絶の権利だ。保守地盤の州は相次いで中絶の規制を強化しており、「自分が住むフィラデルフィアでも今後どうなるか分からない」(グルーバーさん)。バイデン大統領が再選を果たして権利擁護に動くことを望むが、「町はリベラル派と超保守的な市民で大きく分断している」と不安な日々を過ごしていた。

グルーバーさんのような1990年代半ば以降に生まれたZ世代の有権者(18~27歳)は4080万人にのぼり、全世代の17%を占める。米公共宗教研究所(PRRI)の調べでは、Z世代の約半数は非白人と人種が多様で、成人の36%が民主党を支持する。ベビーブーマー世代(1946~64年生まれ)が若者だった時代よりも政治参加意識が高いという調査もある。

バージニア大法科大学院2年生のディブヤ・シャルマさん(23)もスウィフトさんのファンで、女性の権利を求めて民主党を支持していた。シャルマさんは「たくさんの女性がメンタルヘルスの問題などに悩まされている今、女性が保守的な政党を支持しないのは当然だ。テイラーが投票を呼びかければ、多くの人に影響を与えられるだろう」と期待を示した。

●「中国メーカーを間接支援」

自動車産業が盛んな中西部ミシガン州。フォード・モーターの工場で働くジェームズ・ベンソンさんはトランプ氏への支持を隠さなかった。「労働組合の方針に反していることは分かっている。でも自分の人生にとっては大事な決断だ」

理由の一つは、バイデン政権の下で「労働者層の生活水準の悪化」が進んだと感じていることだ。「20年前に10万人いた従業員は半分にまで減り、ガソリン価格も値上がりしている。なのに、政府は売れていない電気自動車（ＥＶ）に税金を投入し、比亜迪（ＢＹＤ）のような中国メーカーを間接的に支援している」と指摘した。血税が自分たちの雇用や生活の改善に使われていないことにもどかしさを感じているという。

不法移民の就労ビザ取得が進めば労働者層の雇用の脅威になるとして、バイデン政権の移民政策にも反対していた。「私たちのような平均的な米国人には好ましくない状況だ」として、トランプ氏の主張するように厳しい移民規制を敷くべきだとの考えだ。

一方、バイデン氏を支持する声もあった。ＧＭの工場で働くウィリアム・マーチンさんは「バイデン氏は家庭の味方だし、ブルーカラーの味方だ。トランプ氏の政策にも良い点はあるが、富裕層向けの政策が多い」と話した。

ヨランダ・パスメントさんも「宗教的信念などでトランプ氏に投票する人もいると思うが、私は労働者を支援するバイデン氏を選ぶ」。デトロイトでは工場の撤退が相次ぎ、2013年に市が破産法の適用を申請した。当時の苦しみを知る労働者は雇用の安定を望み、全米自動車労組（UAW）もバイデン氏の支持を表明していた。

●「メディアの政治報道にバイアス」

増え続ける移民に複雑な感情を抱く米国民もいた。南部テキサス州ヒューストンのソフトウエア企業に勤めるジェフ・ブランバーさん（55）もその一人だ。

「米国は移民にとって希望の星かもしれないが、合法的に渡米すべきだ。『不法移民』は全員が法律を犯している」。18歳から同州に住むブランバーさんは、バイデン政権下で同州に多くの移民が流入したことに憤っていた。「米国の既存メディアの政治報道はバイアスがかかっている」として、英BBCや中東衛星テレビのアルジャズィーラ米国版で情報を得ていた。

過去の大統領選では民主党のビル・クリントン氏にも投票したことがあり、無党派層を自称

デトロイトの自動車工場で働くパスメントさんは「私は組合員でもあり、労働者を支援するバイデン氏に投票する」と話す

する。だがバイデン政権に対しては環境政策にも不満を抱いており、「気候変動の警鐘論がはびこってエネルギーコストが上昇した。トランプ前政権時代には、ガソリン価格が1ガロンで1ドルほど安かった。石油産業を復活させせないといけない」（ブランバーさん）

●不法移民、テキサスに損失

同州オースティンの航空宇宙コンサル会社社長、スコット・ファーシングさんも「バイデン氏の移民政策はテキサスに強い負担を強いており、これを止めなければならないと思っている」と強調した。

ファーシングさんは合法的な移民、特にスキルを持った勤勉な人々が米国に移り住むことは歓迎だという。一方で「不法移民はテキサスに損失を与える存在だ。国境管理に要する費用はテキサス州民が税金で負担しているし、犯罪も増えかねない。道路や学校、病院などのインフラサービスにも影響が及ぶ」と指摘した。

不法移民がグリーンカード（永住権）を取得して米国市民となれば、政治にも参加できるようになる。「家族を呼び寄せたり子どもを産んだりすれば、不法入国に伴う人口増は数千万人に上り、将来の政治や政策に重大な影響をもたらすだろう」（ファーシングさん）と懸念していた。

「2つの悪」から選べない

トランプ氏、バイデン氏の両候補のどちらも選べず、二大政党に所属しない「第3の候補」に一票を託す人もいた。特に目立ったのが、民主支持層でありながら、バイデン氏に反旗を翻す若者たちだ。

リベラルで知られるカリフォルニア州スタンフォード大学を卒業し、西部コロラド州に住む20代前半のライッサ・モクタデールさんもその一人だ。

20年の前回選挙ではバイデン氏に投票した。だが「バイデン政権下でも最高裁が中絶の権利をひっくり返し、支持者の権利を守れない民主党に幻滅し始めた。そしてバイデン氏のイスラエル支援によって、私の容認は断固とした反対と恐怖に変わっている」（モクタデールさん）

トランプ氏も選べないが、無投票にすれば僅差で争うトランプ氏を利することになる。かといって二大政党に所属しない第3政党に投票することは「無駄」かもしれない。モクタデールさんはそう葛藤してきたが、「それでも第3政党への投票が有権者として最善の戦略だと確信し

ニューヨークのコロンビア大キャンパス前でデモをする学生ら（2024年4月19日）

を挙げた。

た」という。注目する人物として、緑の党の候補者、医師で活動家のジル・スタイン氏の名前

きっかけは24年2月のミシガン州の民主党予備選だった。AP通信によると、バイデン氏が圧勝した一方で10万人以上が「uncommitted vote（支持者なしでの投票）」を選び、バイデン氏への「抗議票」だと受け止められた。「この『支持者なし運動』のおかげで、3月にハリス副大統領がガザの即時停戦を呼びかけた。本選挙なら影響はもっと大きいはずだ」（モクタデールさん）

モクタデールさんは「バイデンとトランプという『2つの悪』から消去法で選ぶ保証は、もはやないのだと彼らに示したい。第3党の候補者が大統領になれなくても、彼らが無視できない十分な票数が集まればいい」と覚悟を示した。「最悪の二択」に対する有権者の不安や不満が11月の波乱要因になり得るとの見方が広がっていた。

2-2

追い詰められたバイデン 自滅の予感

バイデン氏、若者支持が半減 「86歳大統領」に不安

夏が近づくと、米大統領選の行方が一段と混沌さを増した。民主党のバイデン大統領は6月27日のテレビ討論会で精彩を欠き、高齢不安に拍車がかかった。共和党のトランプ氏も有罪評決を受け、順風満帆といえる状況ではなくなった。いずれも嫌われる「ダブルヘイター」の選

討論会におけるバイデン氏（2024年6月27日、南部ジョージア州アトランタ）＝Gripas Yuri／ABACA／共同通信イメージズ

挙戦が鮮明になった。

●バイデン氏の「老い」に衝撃

「討論会への懸念は理解できる。素晴らしい夜ではなかった」。バイデン氏は6月29日、東部ニューヨーク州イーストハンプトンの資金調達集会で、酷評された27日の討論会を振り返った。

討論会では声がかすれ、言葉は詰まり、視線も定まらなかった。民主党関係者を含め、討論会を見守った誰もが想定以上の「老い」に衝撃を受けた。

高齢のバイデン氏に注がれる有権者の視線はさらに厳しくなった。「民主主義のために撤退を」「あなたを愛しているが、もう時間だ」。資金調達集会の会場周辺には選挙戦から退くよう求める看板が掲げられた。

米有力紙ニューヨーク・タイムズはバイデン氏に撤退を求める社説を掲載した。米モーニング・コンサルトが討論会後の28日に実施した世論調査では、有権者の60％が民主候補を交代させるべきだと答えた。民主支持層に限ると47％が候補の差し替えを求めた。

●年寄りか経験豊富か

バイデン氏は現在81歳で、再任されれば退任時には86歳になる。

「私を年寄りと言うなら、自分は経験豊富と呼ぶ」。民主関係者によると、バイデン氏は共和党のレーガン元大統領にならって自身の年齢を逆手にとる戦術を打ち出していた。レーガン氏は「相手の若さと経験のなさを政治利用するつもりはない」と語って73歳で再任を勝ち取った。

だが、世論調査では討論会前でも9割がバイデン氏の高齢に懸念を抱いていた。バイデン氏の私邸や個人事務所で機密文書が見つかった問題では、検察当局が2月に刑事訴追を見送った。バイデン氏の記憶力低下で責任を問いにくいと判断したからだ。副大統領だった時期や長男が死去した年を思い出せないほどだったという。

「記憶力は大丈夫だ」。訴追見送りを受け、ホワイトハウスで反論の記者会見を開いたバイデン氏は「私はこの国で最も米国大統領にふさわしい」と力を込めた。ただ、その直後に中東情勢を問われると、エジプトのシシ大統領を「メキシコのシシ大統領」と言い間違えた。

バイデン氏以前の民主党大統領、カーター氏、クリントン氏、オバマ氏は「ワシントン政治のアウトサイダーという清新さ」（オバマ氏の元選対幹部）で有権者の心をつかんだ。連邦議会上院議員を36年、副大統領を2期8年務めたと胸を張るバイデン氏の政治経験は必ずしも強みになっていなかった。

●黒人支持層でバイデン離れ

不安なのは年齢だけではなかった。

5月29日、勝敗を左右する激戦州の東部ペンシルベニア州フィラデルフィア。バイデン氏がほぼ月に一度のペースで通うほど重んじる地に連れ立ったのは、初の黒人で女性の副大統領になったハリス氏だった。

「あと4年、あと4年！」。バイデン氏がハリス氏とともに会場となった学校の講堂に登壇すると、参加者の大半を黒人が占めた会場で支持者の合唱が始まった。

「黒人の米国人が投票したから大統領になった。あなたの投票でドナルド・トランプは敗北した」。バイデン氏が透明な板に文字を映し出すプロンプターから目を離して「2024年も再び敗者にする」と見えを切ると、歓声は最高潮に達した。

バイデン陣営は黒人の支持離れに危機感を抱いていた
（2024年5月29日、東部ペンシルベニア州フィラデルフィア）

通常は手分けして全米を回る現職の正副大統領が、首都ワシントン以外でそろい踏みするのは極めて異例だ。背景には、２０２０年の前回選挙でバイデン氏勝利を支えた黒人を中心とする若者の支持層が、トランプ氏に侵食されていることへの危機感がある。

米シカゴ大が5月に18～40歳以下に実施した調査でバイデン氏に投票すると回答した割合は33％で、31％のトランプ氏とわずかな差にとどまった。20年の選挙でバイデン氏（60％）がトランプ氏（31％）を大きく引き離した状況とは様変わりした。

離反が目立つのが黒人の若者だ。バイデン氏は20年に77％の支持を得たが、現時点で同氏に投じると明言したのは33％にとどまった。

●若者は経済政策に不満

バイデン離れを加速させているのが、22年に一時、9％台まで高まったインフレだ。若者が最も重視する政策はインフレ対策（18％）で、その次に経済成長（11％）が続く。インフレ率は

■図表2-10　若者のバイデン氏支持が急低下

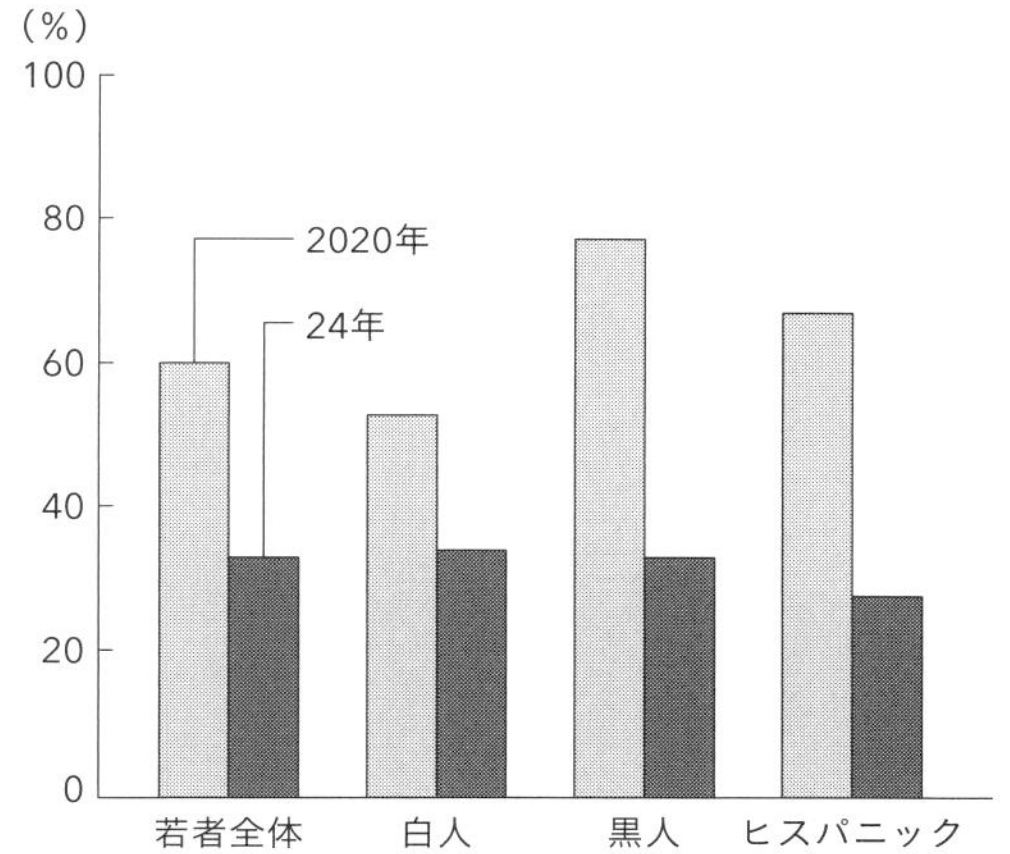

（注）米シカゴ大の5月調査。40歳以下の人種別投票先。24年は5月時点での投票予定

■図表2-11　黒人の若者にもトランプ支持

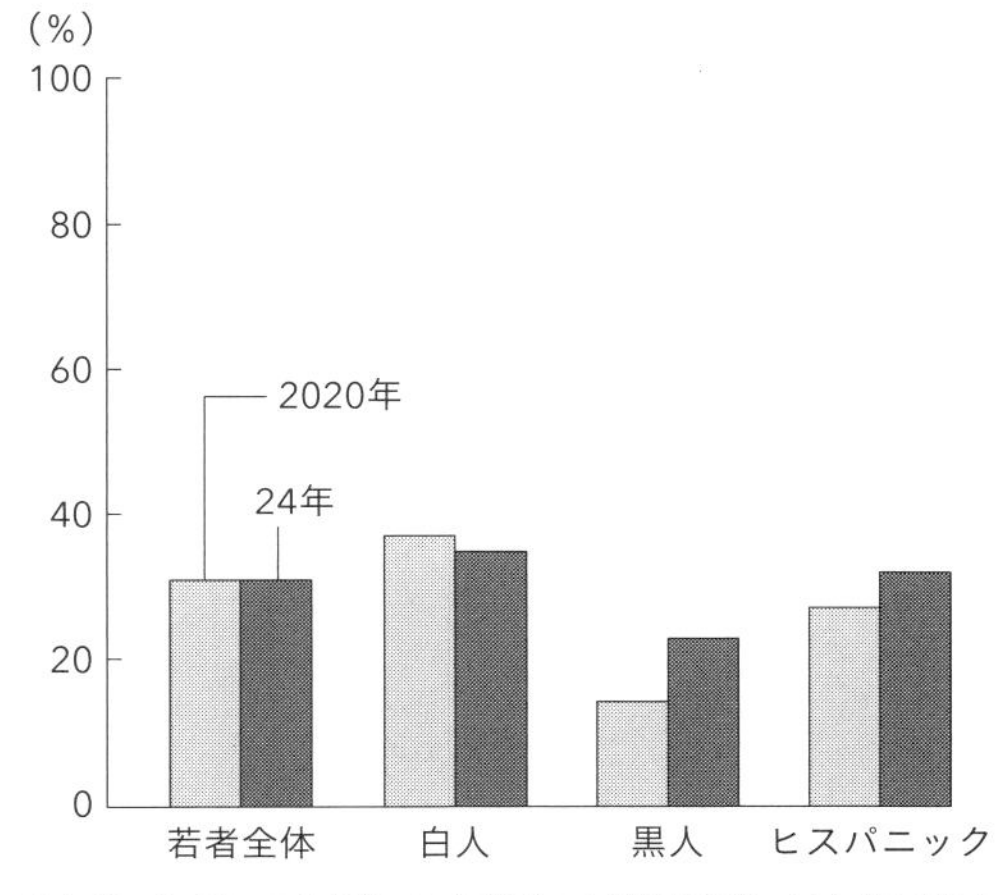

（注）米シカゴ大の5月調査。40歳以下の人種別投票先。24年は5月時点での投票予定

足元では3％台に下がったが、バイデン氏がいくら「劇的に低下させた」と誇示しても、所得の少ない若者の不満は収まらない。

米リアル・クリア・ポリティクス（RCP）が集計した世論調査の平均では、バイデン氏のインフレ対策を6割が支持しなかった。バイデン氏のお膝元、東部デラウェア州のIT（情報技術）関連企業で働く白人男性のナサニエルさん（21）はバイデン氏に投票するか決めかねていた。重視する政策は「間違いなく経済だ」という。

20年の大統領選ではトランプ氏の続投阻止という一点で求心力を高め、勝利を手にした。それから4年、年齢の問題がさらにクローズアップされるなか、掲げる旗が「反トランプ」以外に見当たらないところにバイデン氏の難しさがあった。

●トランプ批判で勝てるのか

今回の選挙の行方は1990年代半ば以降に生まれたZ世代の有権者4000万人が握っていた。本来であればリベラルの民主党に有利なはずだが、同党の重鎮ストラテジストのジェームズ・カーヴィル氏は「（高齢のバイデン氏で）若い世代の支持を失うのを恐れている」と語った。

若者の最大の関心事である経済政策を論戦の柱に据え、国家像を問うような骨太の議論を展開しなければ再選は危ういというのがカーヴィル氏の見方だ。

「トランプがもたらす脅威は1期目より2期目の方が大きい」。バイデン氏はトランプ批判を繰り返す戦術にこだわっていた。投票先を決めかねている若者も、最後はトランプ氏ではなく自分を選ぶはずだとの目算があったとみられる。

バイデン氏は自ら早期開催を望んだ討論会につまずいた。米メディアで撤退論がおさまる気配はなく、民主内でも動揺が続く。バイデン氏は本選でトランプ氏と対峙する前に党内外の撤退論と戦わざるを得なくなった。

トランプ氏、勝利へ「変心」
過激さ封印し無党派に接近

●耳障りな意見こそ吸収

6月27日に開かれた米大統領選挙のテレビ討論会で、トランプ氏は不規則発言を繰り返した前回2020年と違い「総じて平静を保った」（米メディア）。有権者の関心が高い人工妊娠中絶を巡っては各州に規制を委ねる方針を示した。

勝敗のカギを握る無党派層を取り込むため過激な主張は封印しつつあった。中絶の全面禁止やウクライナへの支援停止という強硬な主張には触れなくなった。「変心」の裏には参謀役の存在があった。

ミシガン州でのトランプ集会（2024年6月、ミシガン州）

「意見がないなら、ここにいる必要はないんだ」。トランプ陣営に近い元米政府高官によると、トランプ氏は選挙戦略を巡る側近との会議で口癖のようにこう話した。独断専行のイメージとは裏腹に、耳障りな意見こそ好んで吸収しようとするしたたかな一面が浮かび上がる。

●ライバルの元参謀を抜てき

南部フロリダ州パームビーチ。ロイター通信によると、トランプ氏の邸宅近くの雑居ビルの一角に35人ほどの精鋭スタッフが集っていた。16年、20年の大統領選で側近の自由奔放な発言や内紛が相次いだ過去とは対照的に、黒子に徹する経験豊富なメンバーが一枚岩で働く現場だ。

取り仕切るのがトランプ氏と共和党候補指名で争ったデサンティス・フロリダ州知事の元参謀、スージー・ワイルズ氏と、1991年の湾岸戦争で負傷した元海兵隊員で政治コンサルタント、クリス・ラシビータ氏だ。

一般的には無名だが、2人はそれぞれフロリダ州知事選などの選挙で共和党を勝利に導いてきた。米ユーラシア・グ

トランプ氏と握手するスージー・ワイルズ氏
（2024年11月6日、フロリダ州）＝ゲッティ＝共同

■図表2-12　トランプ支持に転換する人も

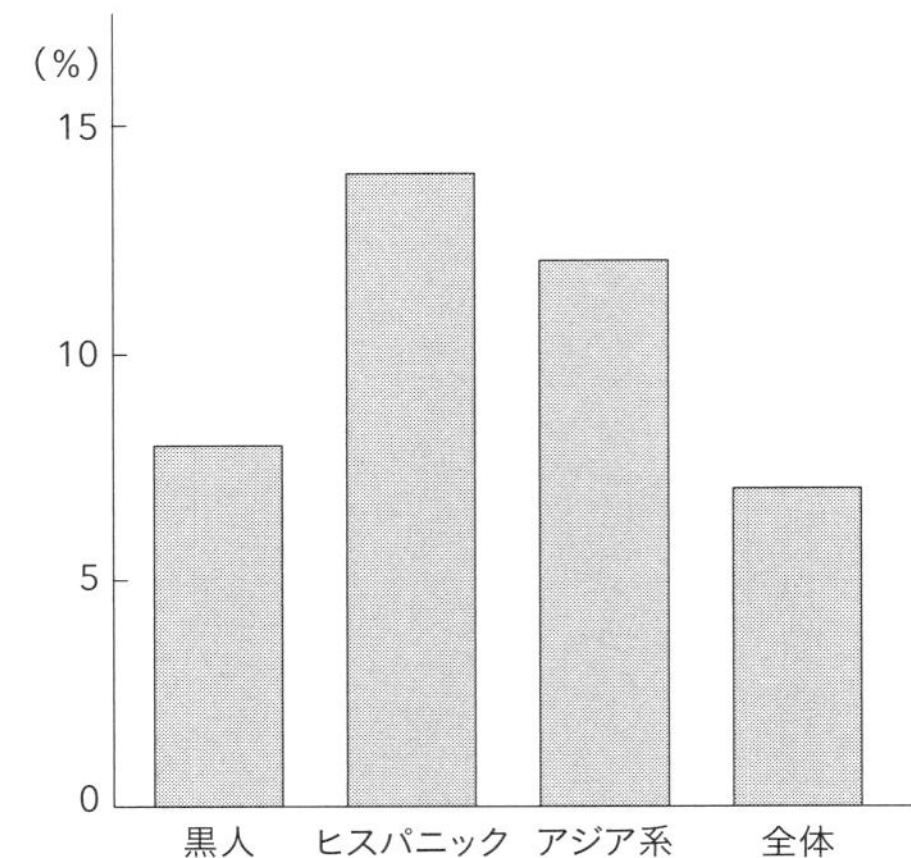

（注）2020年にバイデン氏に投票した人でトランプ氏を支持する割合
出所：米ピュー・リサーチ・センターの24年4月調査

ループのジョン・リーバー氏は「2人は陰と陽のようにぴったりくっつき、2人がいなければ立ちゆかなくなるほど、非常に戦術的に全体を動かしている」と解説した。

● トランプ支持予備軍を探せ

共和党関係者によると、2人は米屈指のデータ分析のスペシャリストを招集し、選挙戦略作りを進めていた。

第2次世界大戦後、米大統領選を3回連続で戦うのはトランプ氏が初めて。これまで蓄積してきたデータ量は膨大だ。有権者のメールアドレス、メッセージなどから効果的にトランプ支持予備軍となる層を洗い出し、宣伝の手法を立案していたもようだ。

バイデン大統領の支持基盤である黒人層の一部はトランプ氏になびいていた。黒人の間では特に高インフレへの不満が強まっていた。

トランプ氏は5月23日、ニューヨークでの集会の場所に、黒人の有権者が多い東部ブロンクス地区を選んだ。それに合わせて、テレビカメラには映らない場所でも「黒人の経済団体との会合を重ねた」（リーバー氏）。黒人からの支持率は20年の8％から20％超にまで伸びた。

●金融界の大物と「復縁」

こうした姿勢が奏功してか、当初不振だった資金集めでも勢いづいた。関係が冷え込んでいた大物アクティビスト（物言う株主）のネルソン・ペルツ氏、運用大手ブラックストーンのスティーブン・シュワルツマン最高経営責任者（CEO）といった金融界の大物もトランプ支持に回帰した。過激な主張を抑制し、政権への不満を取り込んで勢力を伸ばす戦略は、6月の欧州議会選挙の反欧州連合（EU）派とも重なる。ハンガリーのオルバン首相やアルゼンチンのミレイ大統領などトランプ氏の手法をまねる指導者は少なくない。

そもそもポピュリズムは手法を模倣し合うことで進化してきた。アメリカン大でポピュリズムや過激主義を研究するブライアン・ヒューズ氏は「トランプ運動と欧州で起こった（ナチズムのような）過去の極右運動には類似点がある」と指摘した。

移民排斥、対立する個人・組織への暴力性などが共通項で、議会の機能不全で政権が十分な対応をとれないことがこうした動きを勢いづかせる。

●忠誠を重視、穏健派とは距離

トランプ氏はどこまで「現実主義」に徹するのか。穏健派の間では、共和候補指名を最後まで争ったヘイリー元国連大使への支持が根強かった。3月に選挙戦から撤退した後も、各州の予備選でヘイリー氏に投票し続けた人は20％に及んだ。中間層を取り込みたいなら副大統領候補にヘイリー氏を充てる案が選択肢となるが、米紙ワシントン・ポストによると、トランプ氏は「彼女は不忠義で、嫌いだ」と漏らしていた。

刑事事件という弱みを抱え、自身に逆らわぬ忠誠心の高い人物で周囲を固めたいとの思惑がにじむ。一枚岩の態勢は強さともろさをあわせ持つ。

調査会社イプソスなどの世論調査によると「討論会の出来が良かった」のはトランプ氏が60％で、バイデン氏の21％を上回った。それでも本選でトランプ氏に投票すると答えた人は44％で討論会前から変わらなかった。

バイデン氏に投票すると答えた人は46％で、拮抗した状況が続く。両候補の直接対決では高齢不安というバイデン氏の弱みに焦点があたったが、だからといって有権者が雪崩を打ってトランプ支持に回ったわけではなかった。いずれも嫌われる「ダブルヘイター」の選挙戦が有権者を悩ませていた。

第3の候補、米大統領選かく乱
若者「批判票」の受け皿に

●ケネディ氏、ヒスパニック票狙う

「史上最も不人気な候補同士の戦いだ。米国民は嫌気が差している」。11月の米大統領選に無所属で立候補したロバート・ケネディ・ジュニア氏（70）は6月15日、西部ニューメキシコ州アルバカーキでの選挙イベント後、第3の候補として「当選」を目指すと宣言した。

ケネディ氏はロバート・ケネディ元司法長官の息子で、ジョン・F・ケネディ元大統領のおい。選挙運動では父や伯父の映像を使用し「ケネディ」の名前を最大限に活用した。元大統領が1960年の大統領選で使ったヒスパニック向け

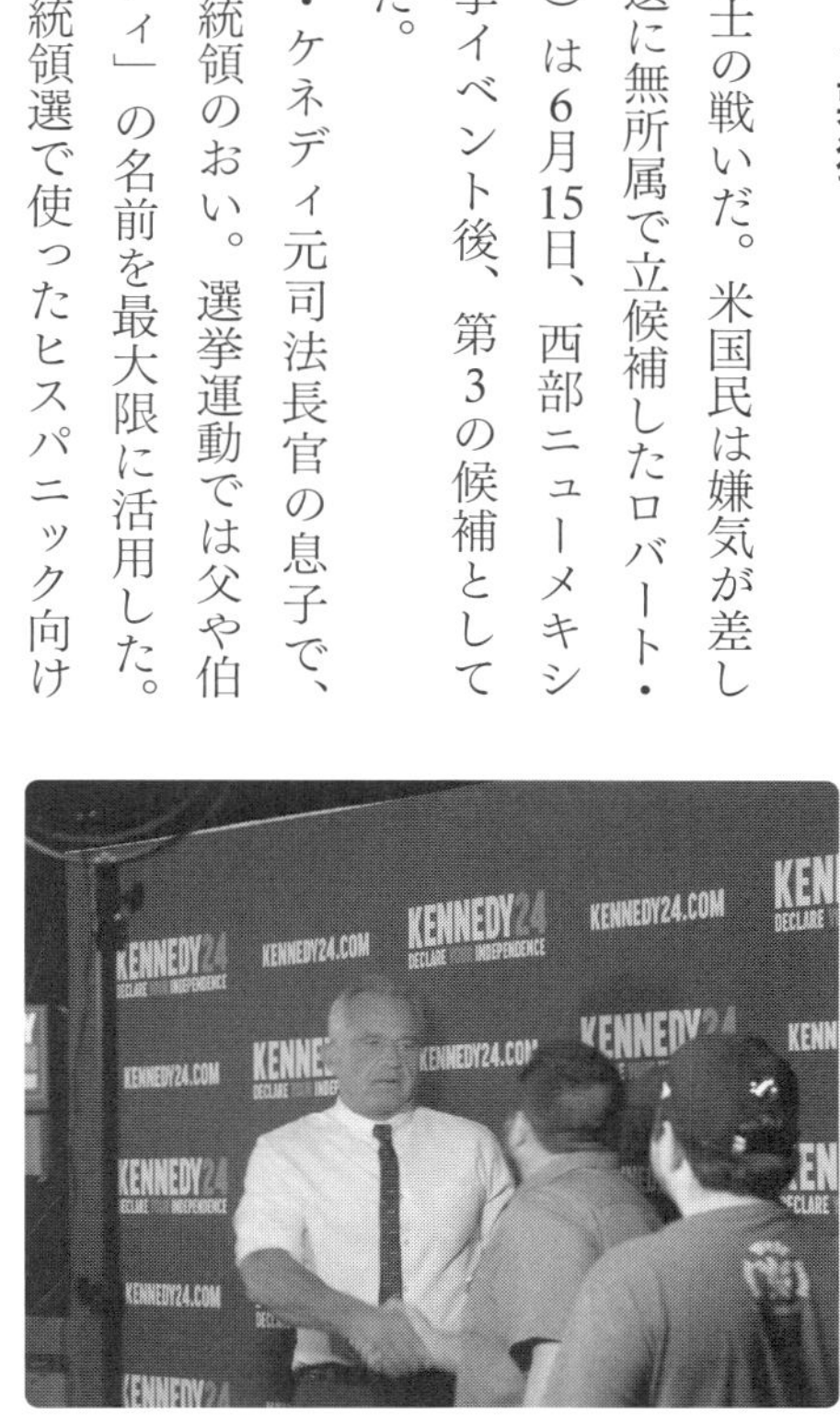

ケネディ氏は選挙集会で「当選」を目指すと宣言した
（2024年6月、ニューメキシコ州）

のスローガン「ビバ（万歳）ケネディ！」を復活させ、民主党離れが進むヒスパニック票を狙っていた。

新型コロナウイルスのワクチンを巡る陰謀論めいた発言などでケネディ家からは背を向けられた。支持したのは、民主党のバイデン大統領にも共和党のトランプ氏にも投票したくない若者らだ。

スティーブン・ストーリングズさん（27）は南部バージニア州のケネディ陣営にボランティアとして加わった。2016年はトランプ氏に投票したが、20年はどちらも支持する気になれず棄権した。

●「ペロー旋風」の再来はあるか

ケネディ氏はアリゾナ、ネバダなどの激戦州で10％近い支持率があり、1992年の大統領選で19％の票を獲得して選挙戦に影響を与えた実業家、ロス・ペロー氏の再来との声が上がっていた。

大富豪でアメリカンドリームの体現者として人気があったペロー氏は、共和党のブッシュ大統領（第41代）と民主党のクリントン候補に対抗する第3の候補として出馬して旋風を起こした。当時の経済状況を厳しく批判したペロー氏が、現職だったブッシュ氏の再選失敗につながったとの見方がある。

ペロー氏だけではない。2000年の大統領選では緑の党のラルフ・ネーダー氏が出馬し、大統領選の勝敗を決めたフロリダ州で約10万票を獲得した。同州で勝利した共和党のブッシュ氏（第43代）と民主党のゴア氏の票差はわずか537票で、ネーダー氏がゴア氏を敗北させたとの恨み節が民主党には根強い。

●「スポイラー（妨害者）」に警戒

今回の大統領選も一部の有権者が第3の候補に投票すれば、僅差で決まる激戦州の勝敗が変わりうるとみられていた。民主党、共和党のどちらにとって不利に働くのかは意見が分かれた。

一時は民主党からの出馬を目指したケネディ氏の政策は、環境保護や最低賃金の引き上げ、企業増税など民主党・リベラル派と近いものが目立った。一方で、対ウクライナ支援の停止、反ワクチンなどの共和党・保守派の主張と重なるものもあった。

それゆえ、バイデン氏、トランプ氏の両陣営が選挙戦の「スポイラー（妨害者）」として警戒

大富豪のロス・ペロー氏は1992年の大統領選で旋風を起こした（1992年6月24日、メリーランド州）＝CNP／DPA／共同通信イメージズ

した。

米キニピアック大が5月に実施した世論調査では34歳以下の若者層の22%、ヒスパニックの24%がケネディ氏を支持した。若者層のうち、バイデン氏、トランプ氏のいずれも支持しない「批判票」は3割に上った。

●緑の党、左派の受け皿に

第3の候補はケネディ氏だけではなかった。6月8日、首都ワシントンのホワイトハウス前で若者を中心に数千人が集まったパレスチナ支援のデモ。「緑の党」の大統領候補で医師のジル・スタイン氏(74)が登壇し「パレスチナに自由を!大量虐殺を阻止しよう!」と拳を振り上げた。

スタイン氏が大統領選に出馬したのは12、16年に続き3度目だ。民主党を中道すぎるとみる左派の受け皿になってきた。脱炭素社会と雇用創出を目指す「グリーン・ニューディール」の実現と、イスラエルによるパレスチナ自治区ガザでの軍事行動反対を前面に押し出し、バイデン氏を嫌う左

緑の党のスタイン氏はパレスチナ支援を強調した(2024年6月、ワシントンDC)

■図表2-13　若者・ヒスパニックの一部は第3の候補を支持

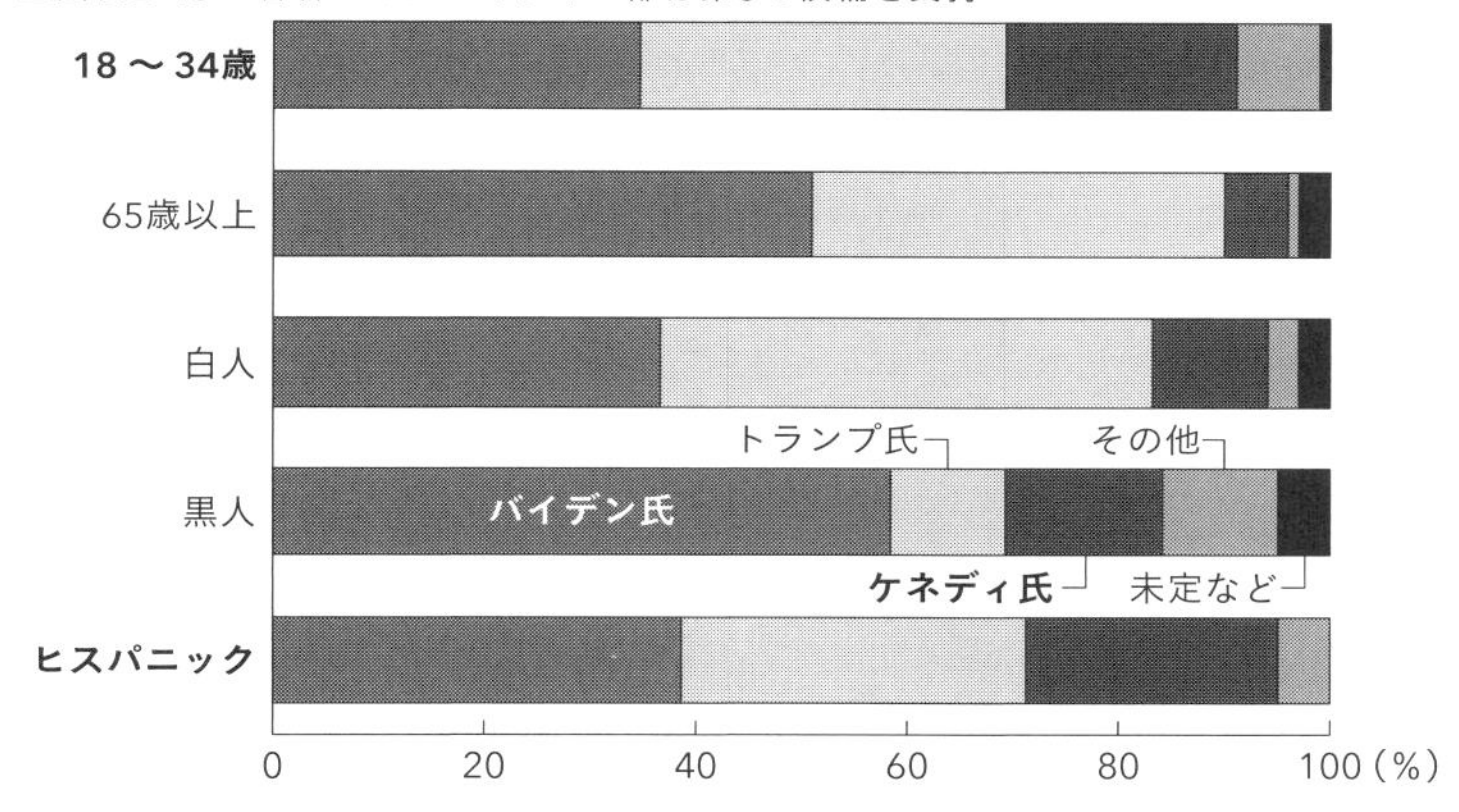

（注）米キニピアック大が5月16～20日に実施した登録有権者の世論調査

■図表2-14　米大統領線での「第3の候補」の影響

1912年	ルーズベルト前大統領（当時）が共和党左派の「前進党」設立。共和党の票を割り、民主党のウィルソン氏が当選。両党がリベラル政策受け入れ
68年	人種隔離政策を掲げるウォレス氏が民主党を離党し「独立党」から出馬。13.5%の票を獲得。支持層は共和党に吸収され民主党が南部の地盤失う
80年	保守派レーガン氏の候補指名に反発した共和党左派が「国民統一党」設立。6.6%の票を獲得
92年	独立候補の実業家ペロー氏が19%の票を獲得
96年	ペロー氏が「改革党」を設立し再出馬。獲得票は8%に
2000年	緑の党のネーダー氏が約3%の票を獲得。民主党ゴア候補の敗北の一因になったと指摘される

派の票が一部向かう可能性があった。

●二極化が台頭の土壌に

第3の候補はなぜ生まれるのか。バルドスタ州立大のバーナード・タマス准教授は「歴史的に第3の候補の台頭を生んできたのは党派の二極化と、社会を分断する問題の存在だ」と指摘した。民主党、共和党の分断が深い現在の米国は「第3党が台頭する格好の土壌がある」と話した。

二大政党の候補は中東問題や地球温暖化、物価高などの若者の関心が高いテーマに答えを示しきれず、感情的に批判をぶつけ合う。泡沫(ほうまつ)であるはずの第3の候補が、批判票の受け皿となることで選挙戦をかく乱する。そんな状況に入りつつあった。

「副大統領、紹介するよ？」誘惑のトランプメッセージ

「トランプだ。コウスケ、仕事がある。バイデンとの討論会の前に君のアドバイスがほしい」。記者のスマホには、こんなメッセージが毎日のように届く。集会の取材で遠くから彼の演説を見ていただけの私の名前（コウスケ）や電話番号を一体どこで知ったのか。最初はドキリとした。

リンクを押すと出てくるのは寄付金の催促だ。「トランプ氏を2024年に大統領選を応援したい人」は20・24ドル。「第47代大統領を目指す彼が歴代最高だと思う人」なら47ドル。ボタンは3300ドルまであって、そこから先は任意で金額を決められる。

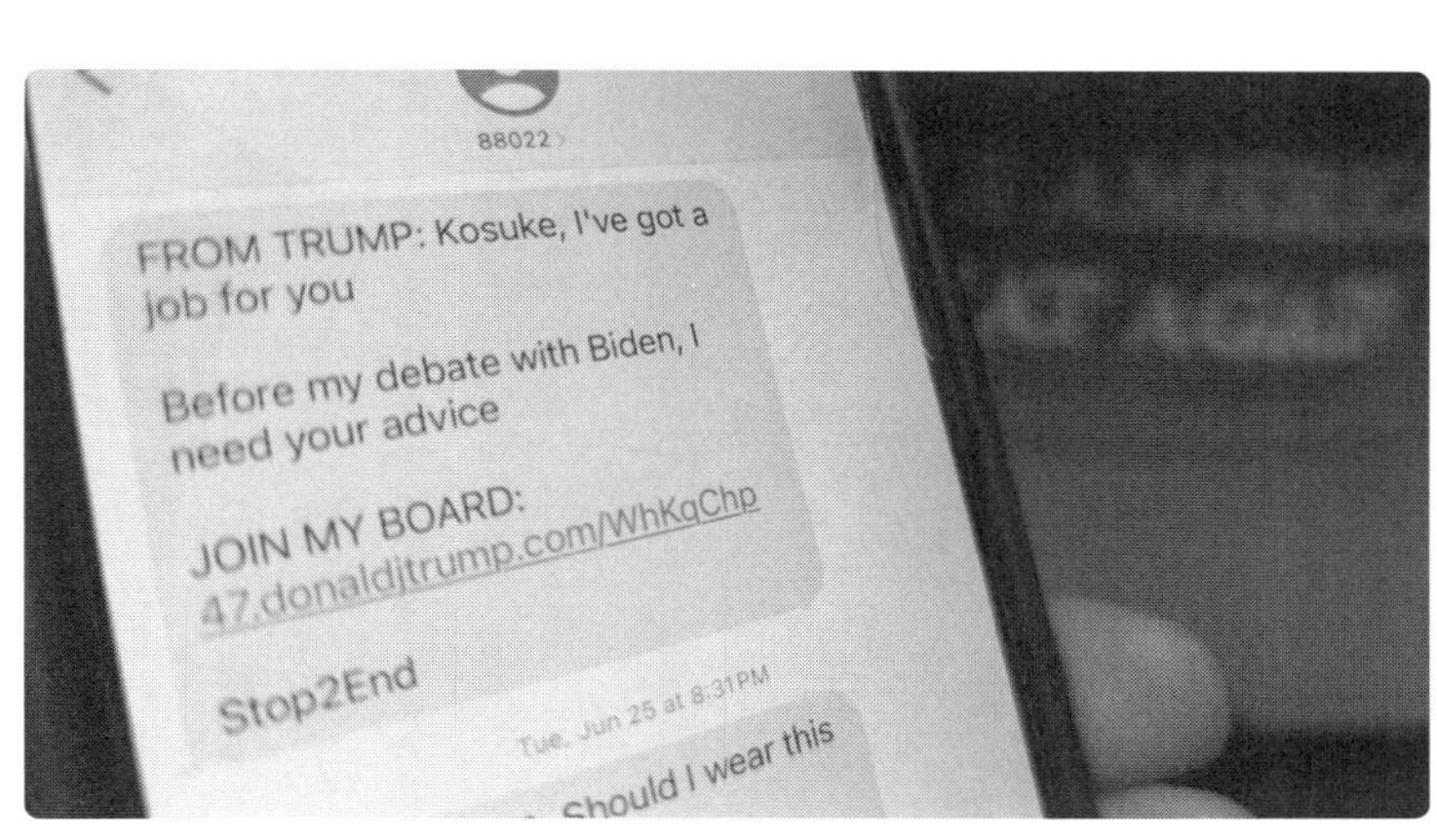

トランプ氏の陣営から届くメッセージはまるでエンターテインメントのよう

要は陣営が仕掛ける資金集めの一環なのだが、メッセージは絶妙にツボを突いてくる。

たとえば大統領選討論会でバイデン大統領に「勝利」した後の6月29日は「バイデンが候補を差し替えると発表した！」といきなりフェイクニュースを流した。何事かと一瞬凍り付いて続きを読むと「代わりの候補は私だ。ドナルド・トランプ！」

その1週間前には「次の副大統領候補を君に紹介していい？　3人で写真を撮ろう」と突然の提案。トランプ氏の伴走者はまだ決まっておらず、長く共和党支持者の関心事となっていた。

不倫の口止め料を不正に処理したとして有罪評決を受けた翌日の6月1日は「コウスケ、君は私を有罪だと思うか？　裁判は不正操作されたんだ」と泣きついてきた。

登録は極めて簡単。電話番号で送れるテキスト・メッセージ機能の宛先に5桁の番号を打ち込み、Ｔｒｕｍｐと書いて送るだけだ。解除はＥｎｄと3文字を送信するだけ。アプリが必要な独自のＳＮＳ「トゥルース・ソーシャル」に比べてはるかに手軽で、陣営も献金集めに重視しているようだ。トランプ氏の集会では「８８０２２にテキストを」と呼びかける旗がはためく。

どこで登録したのか忘れてしまったが、メッセージには私の名前だけでなく、住んでいる地域まで盛り込まれる。「メリーランド州のなかでコウスケだけに教えてあげよう」。こんな文面にニヤニヤしているうち、気づけば来ない日を寂しく感じるようになっていた。

日本でもインターネットやメッセージ機能を使った選挙戦は13年に解禁され、最近もＴｉｋＴｏｋ（ティックトック）やユーチューブを活用する候補者が目立つ。政治をエンターテインメントのようにショーアップする手法は、米国がその先を行く。

真偽不明の情報をばらまくトランプ陣営の手法には問題もある。だがトランプ氏が登場して以降、米国の投票率が急上昇していることも事実だ。20年は67％と１９００年以来の水準を記録した。国民を政治に巻き込む工夫には、日本も学ぶべきところがある。

記者座談会①
バイデン氏、自滅の90分で遠心力

記者
飛田臨太郎
Rintaro Tobita

ワシントン支局長
大越匡洋
Masahiro Okoshi

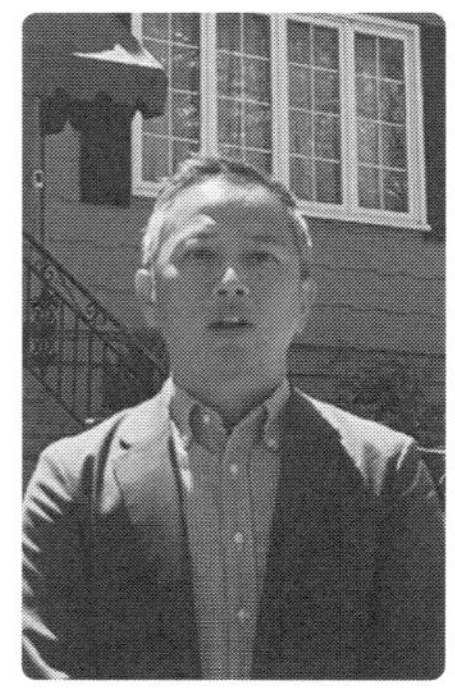

記者
坂口幸裕
Yukihiro Sakaguchi

記者
芦塚智子
Tomoko Ashizuka

声はかすれ、言葉に詰まり、目線が定まらない――。11月の米大統領選に向けた6月27日のテレビ討論会では、民主党のバイデン大統領の弱点である高齢不安が改めて浮き彫りになった。共和党のトランプ氏との選挙戦の行方はどうなるのか。米大統領選を取材する4人の記者に展望を聞いた。

●「弱いリーダー」印象づけ

デスク　今回の討論会をどう評価するか。

大越匡洋ワシントン支局長　バイデン氏が一人で戦い、一人で負けた。序盤に言葉に詰まり、「我々はついにメディケア（高齢者向け公的医療保険）を破壊する」と言い間違えた時点で敗北が決まった。今回の討論会は高齢不安がつきまとうバイデン氏が「強さ」を示さなければいけない場だったからだ。

一方、嘘の交じった放談を続けるトランプ氏のスタイルは良くも悪くもいつも通りだった。相手候補が話すときにマイクの音声を切るというルールにも助けられ、秩序だって振る舞っているような印象を残した。

坂口幸裕記者　バイデン氏の自滅で結果的にトランプ氏が勝利した。虚偽を連発したトランプ氏が討論会後に「ジョー（・バイデン）のパフォーマンスの悪さばかりが目立ち、私の出来はあまり話題にならなかった」と漏らしたが、勝負どころとなるテレビ討論の怖さを実感した。

透明な板に文字を映し出すプロンプターを使う演説とは違い、メモを持ち込むのを禁じた討論会で「弱いリーダー」を印象づけた。ウクライナと中東で2つの戦争に関与する米国と足並みをそろえてきた同盟・有志国も不安を覚えたのではないか。

デスク　トランプ氏が勝者ということか。

飛田臨太郎記者　端的にいうと敗者はいるが勝者はいないという印象だ。バイデン氏は序盤の10分が衝撃的にひどかった。どこを見ているのか定かでなく、ろれつも回っていない感じがした。

米メディアは記者がネットのサイトに状況を逐次書き込んでいく「タイムライン」を配信している。最初の10分はCNNテレビ、FOXニュースなど複数のメディアで書き込みがなかった。あまりの驚きに筆がとまったのではないかと推測する。

一方、バイデン氏がこれだけ失敗したにもかかわらず、討論会後のトランプ氏の支持率は伸びなかったのもびっくりした。その意味ではトランプ氏も勝利していない。

トランプ嫌いは深い。バイデン氏がだめならトランプ氏にと簡単に割り切れる有権者は少ないのだろう。

芦塚智子記者　討論会後に両陣営の関係者が記者の質問に答え、候補の出来などについてメディアの認識を「スピン（誘導）」する「スピン・ルーム」を取材した。トランプ陣営は終了直後から続々と側近や副大統領候補に名前が挙がる面々が現れ、意気揚々と個別の取材に応じたのと対照的に、バイデン陣営はなかなか出てこなかった。

出てきた後も記者会見方式で個別の取材は受けず、懸命にバイデン氏を擁護していたがメディアからは「質問にも答えないのか」「こんな時こそきちんと対応すべきでは」と不満の声が上がっていた。バイデン陣営のうろたえぶりが浮き彫りになっているように感じた。

カメラ映りの差が選挙戦の流れを変えたとされる1960年のニクソン対ケネディの討論会のように、歴史に残る討論会になると思った。

●「バイデン隠し」はご破算

デスク　バイデン氏の衰弱ぶりは衝撃的で、尾を引きそうだ。

坂口記者　バイデン陣営は討論会中に風邪だと釈明したが、体調管理を含めて大一番で失敗した。上院議員や副大統領時代を含め50年近い政治経歴があるバイデン氏は数多くの討論会をこなしてきた。

それでも首都ワシントン郊外の大統領山荘「キャンプデービッド」に1週間こもって練習した今回の結果で世界最強の米軍の最高司令官としての資質、認知力に疑問符を突きつけられてもしかたない。

大越支局長　老いが目立つ展開を事前に予想はしていたものの、想定の範囲の中で最低の出来栄えだった。バイデン氏は台本なしの質疑が続く記者会見をめったに開かず、報道機関のインタビューを受けることも少ない。バイデン陣営はいわば「バイデン隠し」によって失点を防ぐことを戦略の柱としてきたが、今回、すべてご破算になった。

芦塚記者　討論会後に話を聞いた有権者は「バイデン氏は2020年の大統領選で後継者を育てると言っていたはずではなかったか」と憤っていた。バイデン氏を支持するつもりだったが、討論会での姿を見て「これは支持できない」と感じ「どうしたらいいのか」とため息をついていた。

ただ、多くの有権者は討論会をライブで見るわけではなく、その後の報道やソーシャルメディアが主な情報源だ。討論会を見なかった米国人の友人は「そんなにひどかったの？ 大統領選まではまだ何カ月もあるし、何が起きるか分からない」という反応だった。メディアの報道と、一般有権者の受け止め方には温度差があるのかもしれない。

飛田記者　4年間再び、大統領を務める体力・知力はないと感じた米有権者は多い。それでも万が一の時に期待の持てる副大統領であれば、バイデン氏に投じても良いかと思う人はいるのだろうが、ハリス氏はバイデン氏よりも人気がない。ここにきて改めてハリス氏の弱さに焦点があたっている。

● トランプ氏に「ずる賢さ」

デスク　トランプ大統領の可能性は高まったのか。

飛田記者　トランプ氏はやはり「ずる賢いな」と感じた90分間だった。2020年の討論会は相手の発言中に誹謗（ひぼう）中傷し、米メディアから「切れやすい不安定な人物という印象を視聴者に与えた」と評価された。選挙戦終盤で不利に働いたとも言われる。

今回はマイクが消音になるという「追い風」もあったが、少なくともテレビ画面上からはバイデン氏の発言中にやじをとばしているそぶりは見えなかった。二人の距離は近く、やじを飛ばして相手を怒らせるという手法もあったはずだが、採用しなかった。

討論会直前に「討論は何よりも態度だと思う」と語り、スタイルを変化させる兆しは見せていた。明らかに真実と異なる発言を連発するのはいつも通りだったが、今回のトランプ陣営は戦略を練り、トランプ氏をうまく演出したと感じる。巧妙さが増す選挙戦略に、米有権者はどう答えるのか。世界の民主主義の未来を占うと思う。

坂口記者　米メディアによるとトランプ氏は討論中に30以上の虚偽の主張をした。「民主党が多数派を握る複数の州で出生後の赤ん坊の処刑を認めている」「（在任中はイランによる）テロ組織への資金支援はなかった」などと語ったが、いずれも事実と異なる。

それでも自信たっぷりに語る表情や口調、しぐさなどはバイデン氏と3歳しか違わない78歳のトランプ氏が実際の年齢以上の若々しさを演出できた。バイデン氏との対比が際立った。

大越支局長　権力の座に返り咲いたときに「報復」すると誓っていることについて「私の報復

はこの国を再び成功させることだ」と話し、どんな選挙結果でも受け入れるかと聞かれて「公正なら」と条件をつけた。バイデン陣営から「民主主義の脅威」「独裁者」と指弾されるトランプ氏の本質は何も変わっていなかった。

「我々は落ち目だ」と断言し、中国の習近平（シー・ジンピン）国家主席らの名前を挙げて、バイデン氏に対して「彼らに尊敬もされていないし、恐れられてもいない」と語った。この「米国は衰退している」という世界観がまさにトランプ氏とその支持者に共通している認識だろう。大統領選の勝敗を決める無党派層に向けた政策をもっとアピールするかと思っていたが、そうでもなかった。

芦塚記者　保守系メディアが、討論会を主催したCNNテレビの司会者について「公平でよかった」と評していた。事前にはリベラル寄りとされるCNNが、討論会をバイデン氏に有利に運ぼうとするのではないか、といった疑念が保守派の間にあった。

ただ、明らかに虚偽や誇張と思われるトランプ氏の発言をただしたり、事実と照らし合わせて訂正したりしなかったCNNに批判の声もある。

バイデン氏の発言を遮ったりしなかったことが評価されているが、ルールを守るのは本来は当たり前のことだ。それでも視聴者に与える印象が重要なテレビ討論会で、2020年の大統領選に比べるときちんと振る舞い、堂々とした態度をみせたトランプ氏の勝ちだったのは間違いない。

●民主党には厳しい道のり

デスク　これから4カ月、何が勝敗を分けるのか。

大越支局長　バイデン陣営が最も嫌がる展開は、大統領選の争点がバイデン氏の是非に集中する「バイデン氏に対する国民投票」になってしまうことだった。高齢不安を拭えなかったどころか増幅した結果になってしまい、民主党を支持してきたリベラル層の間では大統領候補の差し替え論が公然と議論されるなど動揺が続いている。

バイデン氏が投票日を81歳で迎える前人未踏の高齢であることははじめから分かっていた話だ。民主党は投票日の4カ月前になって「不都合な真実」を直視せざるをえなくなった。民主党がこの混乱を乗り越えてなんとか「バイデン再選」へ結束を保ったとしても、6、7の激戦州の有権者がどう判断するかが勝敗を分ける。

坂口記者　酷評された討論会を受け、民主党は候補者の差し替え論も浮上するほど動揺している。バイデン陣営は「1回の討論で3年半の大統領としての実績を評価すべきでない」と反論するが、9月10日に予定する2回目の討論会で巻き返せる保証はない。

かねて高齢不安や中東政策を巡って一枚岩になりきれていなかった民主支持層のきしみをどう修復し、足元を固めたうえで離反が指摘される若年層ら無党派層を取り込んでいくのか。トランプ氏も課題である無党派に浸透し切れていない状況は変わっていない。

芦塚記者　民主党支持の有権者の一人は討論会後、「バイデン氏の代替候補を立てても、選挙戦を一からやり直さなければならなくなる。どの道を選んでも民主党には厳しい」と悲観的だった。

連邦最高裁が1日にトランプ氏に刑事訴追からの免責を一部認める判断を下したことで、民主党は「これでトランプが大統領に返り咲いた場合の権力の歯止めがなくなった」と有権者の不安をあおる戦略に出た。

2022年の中間選挙では、中絶の権利を否定した最高裁の判決で民主党に追い風が吹いた。中絶問題は、判決から2年が過ぎたいまも女性有権者を中心に関心が高い。バイデン陣営はこうした問題で有権者をどこまで動員できるかがカギになるのではないか。

飛田記者　候補者の差し替えはもちろん、争点を変えることができるような出来事が内外でおこりえないのか。残り4カ月、されど4カ月で、それなりに時間はある。

●なぜこの二択なのか

デスク　大統領選挙に何を期待するか。

芦塚記者　米国籍を持つ15歳の娘に尋ねたところ「若い候補者に立候補してほしい」と即答した。両氏、両党とも、次世代の指導者を育てる努力を真剣にすべきだ。ある識者は「有権者が本当に熱狂した候補はオバマ元大統領が最後だった」と指摘していた。

両陣営とも互いの発言の揚げ足を取ったり、政策の極端な部分だけを取り上げて攻撃したりしている。選挙戦では新しいことではないが、二極化したメディアやソーシャルメディアで増幅され、互いに聞く耳を持たない対立を生んでいる。

大半の有権者はうんざりしている。米国の分断をこれ以上深める選挙戦にはなってほしくない。人々に希望を与える前向きなビジョンを示してほしい。

坂口記者　世界最強の軍事力と経済力を持つ米国のリーダーが国際社会の安定にどのような国

家像を描くのか。7月下旬に予定する副大統領候補の討論会などの機会もとらえて「消去法」の選択でない選挙戦を展開してほしい。
潜在的な敵対国である中国、ロシア、北朝鮮、イランにどう対峙し、緊迫する中東情勢をいかに安定させていくのか。バイデン氏もトランプ氏もそうした処方箋を示しながら争点を明確にしていく責務がある。このままでは互いを「米国の脅威だ」と罵り合うだけの選挙戦になりかねない。

飛田記者　選挙戦・選挙結果はもちろん大事だが、選挙後も重要な局面を迎える。これだけ分断が進んでしまった米国で、どちらが勝者になっても遺恨が残る可能性がある。2020年の大統領選挙後には連邦議会議事堂の襲撃事件が起きた。
国際情勢は4年前と比べようがないぐらい悪化した。中国、ロシア、北朝鮮、イランは選挙後に米国が混乱するか否かにも注目しているだろう。「ノーサイド」とは簡単にはいかないだろうが、米国の底力に期待したい。

大越支局長　トランプ氏は嫌だが、バイデン氏もみたくないという「ダブルヘイター」が全体の4分の1を占める異例の大統領選だ。米国人の友人たちと話していても、これだけ優秀な人材が集まる国で、なぜよりによって80歳前後の白人男性の再選をみなければいけないのか、というううんざりした声を聞くことが多い。

大統領選に期待するよりも、非難と中傷に終始する政治に嫌気し、投票にいかないことを選ぶ人が増えやしないかと懸念を抱いている。それこそ米国の民主主義の危機だろう。米国の混乱はそのまま中ロなど権威主義国家にとってのチャンスになる。少しでも民主主義の復元力を示す選挙になってほしい。

第3章

凶弾
バイデンからハリスへ
（2024年7月）

3-1

奇跡の1枚、振り子はトランプへ

トランプ氏銃撃 流血に響く悲鳴、拳上げる姿に熱狂

何度も執拗に続く銃声に、絶叫に近い悲鳴——。7月13日夕方に米東部ペンシルベニア州の演説会場でトランプ氏が狙撃された。大統領選の候補者が投票の数カ月前に銃撃されるという異例の展開に世界が凍り付いた。討論会で衰えを見せたバイデン氏とは対照的に、銃撃後に拳

米東部ペンシルベニア州バトラーで、銃撃を受けた後に拳を突き上げるトランプ氏（2024年7月13日、米東部ペンシルベニア州バトラー）＝ゲッティ＝共同

を突き上げてアピールしたトランプ氏。大統領選の振り子はこのとき、トランプ氏の側に大きく傾いた。

●乾いた銃声、顔をゆがめるトランプ氏

パンッ、パンッ。午後6時15分ごろ、乾いた銃声が連続して鳴り、演台に手をついて演説していたトランプ氏は直後に顔をゆがめ、右耳を押さえてかがみ込んだ。

なおも続く発砲音に騒然となる会場。「動かせ！」。要人警護を担うシークレットサービス（大統領警護隊）が安全な場所に避難させようと約40秒後に抱き上げたトランプ氏は、血が頬をつたい、シャツがはだけた状態だった。

何人もの護衛が「人間の壁」を作って退避

させる間、トランプ氏は何度も拳を突き上げ、聴衆に健在をアピールした。会場の悲鳴は一転して熱狂に変わり、観衆は車に乗り込むトランプ氏を「ＵＳＡ！」コールで見送った。

●「なぜトランプ氏を退避させないのか」

英ＢＢＣによると、銃撃の直前、聴衆の一人が会場の外で容疑者とみられる男を目撃していた。「建物の屋根にはい上がった男がライフルを持っているのが見えた」。警察は建物の下を走っていたという。なぜ、トランプ氏を退避させないのか。疑問に思った瞬間、銃声が鳴った。「銃声は絶対にあの男からだった」

建物は平屋だが、高い位置にある。ＡＰ通信によると演台までは１４０メートル程度。これは米陸軍の新兵がライフルの資格をとる際、人間大の目標に命中させることを求められる距離という。米ＡＢＣテレビは捜査関係者の話として「ＡＲ15ライフル」から8発の発砲があったと報じた。

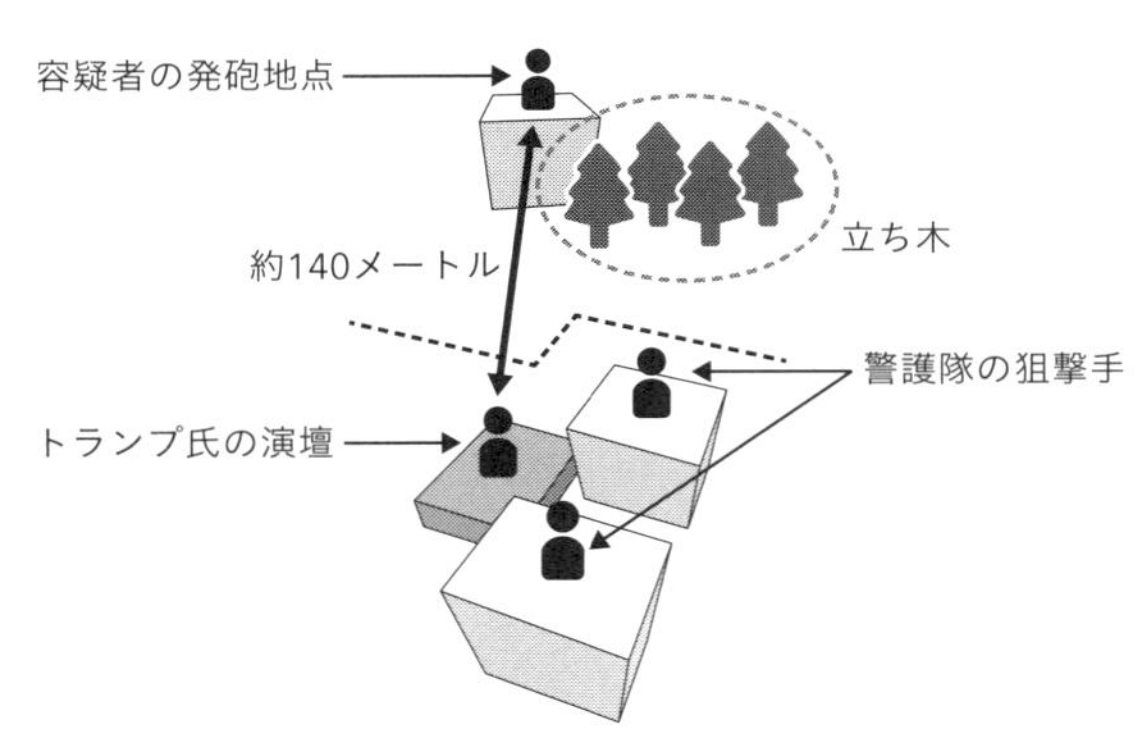

トランプ氏銃撃事件の現場の位置関係。破線より下がシークレットサービスの重点警備区域。発砲地点は地元警察が担当していた。立ち木が警護隊狙撃手の視界を遮ったとの指摘もある

会場周辺は見晴らしの良い場所だった。通常、トランプ氏が集会を行う会場に入るには金属探知機を通る必要があるが、シークレットサービスは同日出した声明で狙撃が会場の外部からだったと認めた。

地元検察などによると、容疑者は直後に射殺された。インターネットには屋根の上で横たわる容疑者とみられる男の映像が投稿された。

世界を驚かせた「奇跡の1枚」

AP通信のカメラマン、エバン・ブッチ氏が撮影したトランプ氏の写真
（2024年7月13日、ペンシルベニア）＝AP／アフロ

この銃撃事件で米国内外の注目を集めたのが、トランプ氏の銃撃直後の様子を収めた1枚の写真だった。構図などを含めて奇跡的ともいえる一瞬を切り取っており、メディアからは「歴史を変える写真」との声があがった。

●写真史に残る「偉大な構図」

青空にはためく星条旗を背景に、トランプ氏は流血やシークレットサービスの制止にも構わず拳を突き上げている。国家のために犠牲もいとわない強い指導者――。この写真からこんな印象を受けた米国人は多いはずだ。

メディアも相次いで言及した。米誌アトランティックは「紛れもなく、米国の写真史における偉大な構図のひとつだ」、英紙デーリー・テレグラフは「米国の歴史を変えた一握りの写真のひとつとみなされるだろう」と評価した。

ここまで注目されるのは、大統領選への影響が見込まれたためだ。米紙ロサンゼルス・タイムズは「選挙戦の燃料となりそうな不朽のイメージを植え付けた」と指摘した。米保守系FOXニュースは「星条旗の下で拳を振り上げる力強いトランプ氏の姿が、バイデン大統領の弱々しさを浮かび上がらせた」と解説した。

写真が政治を動かした歴史

1枚の写真が米政治を動かしたことはこれまでにもあった。映画「父親たちの星条旗」では、太平洋戦争中に撮られた「硫黄島の星条旗」の写真が戦時国債の調達キャンペーンに用いられ、太平洋戦争の局面を動かした様子が描かれている。

ベトナム戦争のさなかには、空襲から逃げ惑う9歳の少女を写した「ナパーム弾の少女」と呼ばれる写真が米紙ニューヨーク・タイムズの1面を飾り、米国における厭戦(えんせん)ムードを後押ししたとされる。

SNS上でも活発に取り上げられた。トランプ氏の写真を「硫黄島の星条旗」やドラクロワの絵画「民衆を導く自由の女神」になぞらえるような投稿があった。イーロン・マスク氏やトランプ氏の息子のドナルド・トランプ・ジュニア氏もこの写真を投稿した。

撮影したのはAP通信のカメラマン、エバン・ブッチ氏だ。黒人男性ジョージ・フロイドさんが白人警官に拘束され

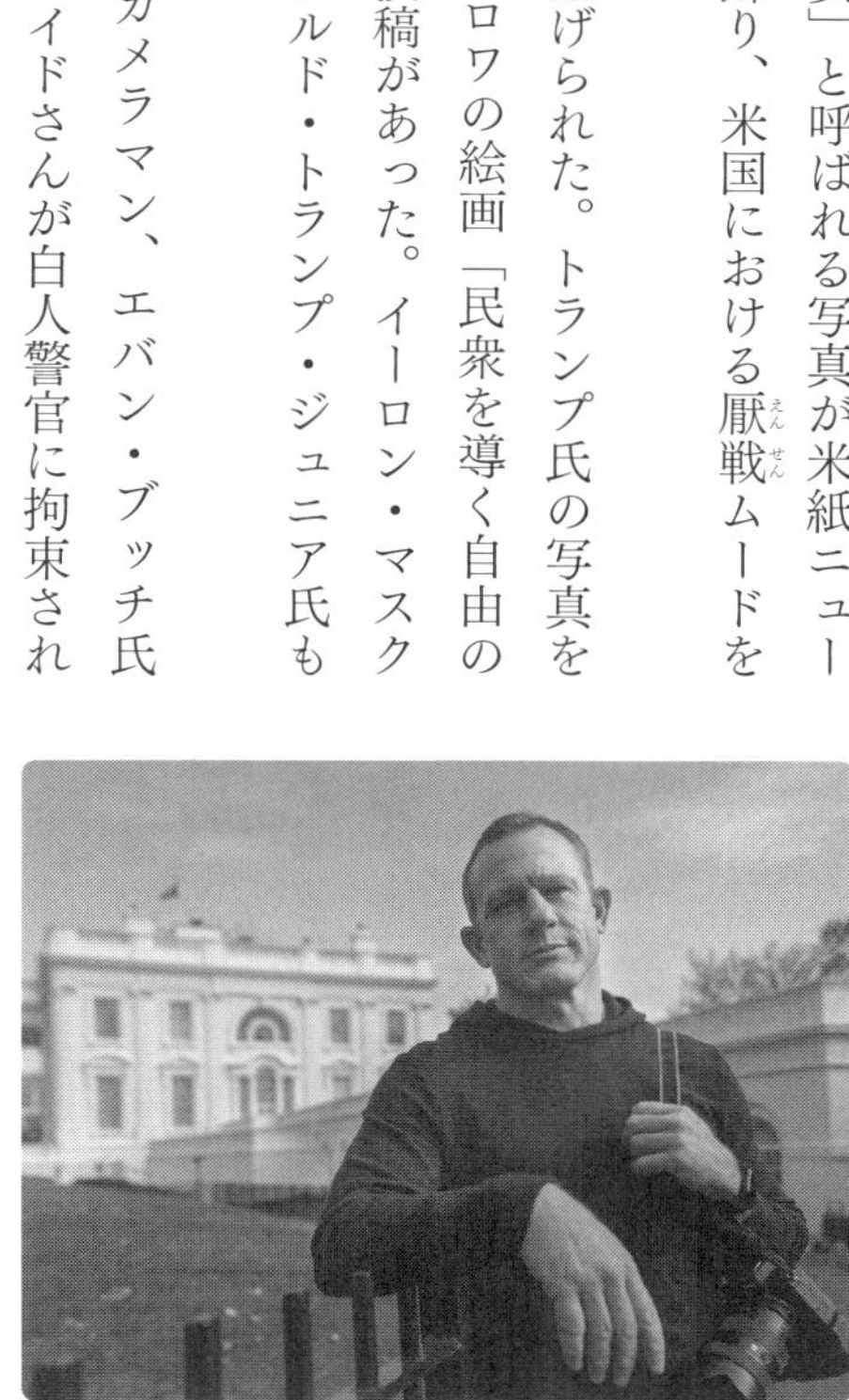

AP通信のカメラマン、エバン・ブッチ氏＝ロチェスター工科大学のウェブサイトより

亡くなったことへの抗議デモを収めた一連の写真が評価され、２０２１年には「ピュリツァー賞」を受賞している。

「銃声が聞こえたとき、これは米国の歴史に残る瞬間だと感じた。この出来事を記録に残すのがジャーナリストとしての務めだ」。ブッチ氏はＡＰ通信のサイトに掲載した動画でこう語った。

トランプメディア株が5割高、強まる勝利観測

トランプ氏に吹き始めた追い風に最も敏感に反応したのが金融市場だった。大統領選でのトランプ氏勝利を織り込むかたちで、トランプ氏が立ち上げた新興メディア企業株が7月15日に一時50％高、同氏による規制緩和期待が高い暗号資産（仮想通貨）は1割上昇した。賭けサイトで再選確率は69％まで高まった。

● トランプ氏関連銘柄、そろって急騰

トランプ氏が銃撃されてから最初の取引となった7月15日のニューヨーク株式市場で、トランプ氏が立ち上げたトランプ・メディア・アンド・テクノロジー・グループ（TMTG）の株価が一時、前週末比50％高まで急騰、終値でも31％高をつけた。

TMTGはトランプ氏が立ち上げたSNS（交流サイト）「トゥルース・ソーシャル」の運営会社だ。3月26日に特別買収目的会社（SPAC）との合併を通じて米ナスダック市場に上場

した。銃撃事件を経て、トランプ氏の再選確率が高まったとみた投資家の買いが集まった。

２０２０年の米大統領選でトランプ陣営のアプリを手掛けたファンウェアも一時、28％上昇した。21年にトゥルース・ソーシャルの運営で提携すると発表したランブルも同28％高となった。

●ビットコイン、規制緩和期待で１割高

取引拡大への追い風になるとの見方から、仮想通貨のビットコインは15日の取引で６万３８６７ドルまで上昇。前週末の高値と比べて約９％上昇し、３週間ぶりの高値をつけた。交換業大手コインベース・グローバルの株価は一時、14％高となった。

11月の大統領選でトランプ氏が選挙公約に掲げる共和党の綱領案では「ビットコインを採掘する権利を守り、米国人が仮想通貨を自分で管理し、政府の監視や管理なく自由に取引する権利を守る」と明記していた。

トランプ氏優勢を受け、ビットコインが急騰した＝©Omar Marques／SOPA Images via ZUMA Press Wire／共同通信イメージズ

●賭けサイトもトランプ氏に傾斜

賭けサイト「プレディクト・イット」の賭け金からはじき出したトランプ氏の再選確率は15日時点で69％と銃撃前日の12日から9ポイント上昇。一方、バイデン米大統領は26％と同1ポイント低下した。両氏の討論会があった6月27日以降、トランプ氏は約60％、バイデン氏は20～30％程度で推移していた。

スイス金融大手ＵＢＳの米州最高投資責任者（ＣＩＯ）のソリタ・マルセリ氏は15日のリポートで、トランプ氏が大統領選に勝利する確率を60％、バイデン氏が勝利する確率を40％と見積もった。

銃撃の街、支持者が夢見る米国の復活

トランプ氏の銃撃事件が起きた米東部ペンシルベニア州バトラー郡。大都市のピッツバーグから車で北に1時間ほどの場所だ。のどかな田園風景が広がるこの土地を事件後に取材班が訪れると、トランプ氏の熱狂的な支持者の姿が目立った。トランプ氏に何を期待するのか、住民に話を聞いた。

●「トランプ氏と共に我々の国をとり返す」

バトラー郡の共和党委員会のジム・ヒューリング会長（79）はトランプ氏が撃たれたイベントで、トランプ氏の正面左に座っていた。スナイパーと銃撃事件の犯人の間の位置にいたため「私の頭の上を銃弾が飛び交っていた」と話した。

バトラー郡には米鉄鋼大手のクリーブランド・クリフスの工場がある。中国など安価な製品に押され経営環境は厳しい。ヒューリング氏は「米国に産業が戻ってきてほしい。正当に競争したいのだ」と話した。「トランプ氏と共に我々は経済を改善させ、国境も頑丈にする。治安も良くする。我々の国を取り返す」と力を込めた。

●「私たちは除外されている気持ち」

銃撃現場付近のアイスクリーム屋で出会ったドナさん（65）は信仰心の深いキリスト教徒で共和を支持している。「私たちのようなクリスチャンは民主党からは除外されている気持ちだ」とため息をついた。「（民主は）私たちが重要視している問題に対する理解がない。（民主が力を入れる）気候変動は神が決めたことであり、我々にはどうしようもない」と語った。電気自動車（ＥＶ）の普及や同性婚、人工妊娠中絶に反対しているという。

ドナさんはもともと民主を支持していたが、過去数回の大統領選では共和候補に投票した。「民主は反キリスト教の党となってしまった」と落胆した様子だった。

バトラー郡の共和党委員会のジム・ヒューリング会長

「民主と共和の支持者対立、日常的」

大通りで出くわしたバーブ・モリソンさん（71）はインフレに不満を感じていた。「経済的な最低限のニーズは満たされているが、（物価高で）欲しいものは買えない。（民主政権では）いつかそれすらも満たされなくなるのではないかと恐怖を感じる」と述べた。

民主と共和の支持者間の対立は日常的という。「今住んでいる住居の管理人が民主支持者。自宅に掲げていたトランプ支持の旗を撤去するように求めてきた。本当にどうかしている」と肩をすくめた。

事件現場近くの銃専門店に入った。店を経営するカート・ハンカさん（30代）は「2015年時点では民主も共和もトランプ氏を嫌っていた。僕は政府自体を信用しておらず、トランプ氏を支持しようと決意した」と語った。

ハンカさんによれば、バトラー郡の人口の8~9割がライフルやハンドガンなど銃を所持している。「民主側が主張するほど銃を購入するのは簡単じゃない」と語り、銃を購入し

銃専門店を経営するカート・ハンカさん

にきた男性の犯罪歴などを調べる「バックグラウンドチェック」の様子をみせた。

●銃撃の町で民主支持者は少数派

米鉄鋼クリーブランド・クリフスで働く夫の仕事で10年前にピッツバーグからバトラー郡に引っ越したジェシカ・マシューズさん（30代）。民主党支持者だが「ここでは私は少数派だ」と打ち明けた。銃撃事件について「圧倒的にトランプ支持者が多いこの場所で起きるような事件ではなかった。非常に奇妙だった」と話した。

討論会での失態でバイデン氏には逆風が吹き始めた。対照的にトランプ氏は銃撃事件をきっかけに保守層の支持を固めた。トランプ氏の勝利は堅いとの空気が強まり、日本で「ほぼトラ」という言葉が盛んに使われたのもこの頃だった。

トランプ氏の暗殺未遂事件を報じたバトラーの地元紙

事件現場付近ではトランプ氏の暗殺未遂事件に巻き込まれて亡くなった消防士を追悼する花束が置かれていた（2024年7月18日）

トランプ氏が撃たれた現場は警察が立ち入りを制限していた（2024年7月18日）

3-2 ハリス登場、反トランプ陣営に希望

バイデン氏「最もふさわしい候補は自分」

●民主内で強まる撤退要求を拒否

6月の討論会での失態を受け、米民主党のバイデン大統領に対する撤退要求は日増しに高

ウィスコンシン州マディソンで行われた選挙集会で演説するバイデン氏（2024年7月5日、ウィスコンシン州マディソン）＝Kyle Mazza／NurPhoto／共同通信イメージズ

まっていった。それでもバイデン氏は7月5日の演説で、再選を目指す11月の大統領選に予定通り立候補する意向を表明した。同日の米ABCテレビのインタビューでも「私以上に大統領にふさわしい人物はいない」と述べ、民主内で強まる撤退要求を拒否した。

バイデン氏は共和党のトランプ氏と対決した6月27日の90分間の討論会で言葉に詰まったり虚偽の主張にうまく反論できなかったりしたとして酷評された。81歳のバイデン氏は米国史上最高齢の大統領で、討論会を境に認知力への疑念が浮上していた。

バイデン氏はこの日、激戦州の一つである中西部ウィスコンシン州マディソンで演説した。討論会を振り返って「最高のパフォーマンスだったとは言えない」とは認めた。ただ、民主内の撤退論を念頭に「選挙戦に残るのか、撤退するのかなど様々な臆測がある」と指摘し「これが私の答えだ。私は立候補し、再び勝利するつもりだ」と話した。

●討論会当日は「ひどい風邪だった」

ABCテレビでは22分間のインタビューに答えた。バイデン氏は司会者から認知力テストを含め独立機関で医学的検査を受けるつもりはないかと問われ、大統領の執務を通じて「毎日テストを受けている。毎日毎日、決断を迫られている」と拒んだ。自身の主治医は「何か問題があればためらうことなく私に言う」と語った。

バイデン氏はトランプ氏との選挙戦について「私が彼を打ち負かすのに最も適任であり、物事を成し遂げる方法を知っている」と自信を示した。民主支持層からも撤退を求める声が出ていると司会者から聞かれると「大多数はそうではない」と反論した。

バイデン氏は「一時的なもので、体調が深刻だという兆候はない」と述べた。6月上中旬の2回の訪欧などで「疲れ切っていた」と釈明し、討論会の際は「ひどい風邪」をひいていたと説明した。

狭まる包囲網、俳優のクルーニー氏の通告

●「年齢の問題は覆せない」

それでもバイデン氏への包囲網は狭まっていく。7月10日には米民主党のバイデン大統領の大口献金者である俳優のジョージ・クルーニー氏が、米紙ニューヨーク・タイムズへの寄稿で「この大統領では11月に勝てない」と断言した。同氏は6月中旬に俳優のジュリア・ロバーツ氏らと資金集めイベントを主催したばかりだった。

10日の寄稿では「これは年齢の問題だ。覆せるものではない」と指摘し、バイデン氏で大統領選を戦えば上下両院選でも多数派を失う恐れがあると提起した。3週間前に会ったバイデン氏について、4年前の姿ではなく「討論会で誰もが目撃した人物だった」と振り返った。

バイデン氏はトランプ氏との6月27日の討論会で言いよどんだり虚偽の発言に反論できなかったりした。クルーニー氏は「新たに動揺を与える情報を得たばかりなのに（予備選で大勝し

たバイデン氏で）候補者指名が決着したと主張するのは不誠実だ」として、候補の差し替えを求めた。

クルーニー氏は2020年大統領選でトランプ氏を破ったバイデン氏を「民主主義を救った英雄だ」とたたえた。そのうえで「（選挙戦から身を引き）再び民主主義を救ってほしい」と訴えた。

●ペロシ氏「決断を促している」

大口献金者であるクルーニー氏が公然と撤退を求めたことは、バイデン氏にとって大きな痛手となった。11月の大統領選までは4カ月を切り、このままバイデン氏が大統領選を戦うのか、候補を差し替えるのか、ぎりぎりのタイミングが迫っていた。

そんななか、民主党の重鎮のペロシ氏は米MSNBCテレビのインタビューで、「時間がないので大統領に決断を促している」と語った。

バイデン氏は党所属議員に「選挙戦にとどまって最後まで

米連邦議会前で記者会見するペロシ元下院議長（2024年6月4日、ワシントン）＝ゲッティ＝共同

戦い、トランプを打ち負かすと固く決意している」と記した書簡を送っていた。それにもかかわらず、ペロシ氏が「決断を促している」と述べたことで、党内や米メディアからはペロシ氏がバイデン氏に事実上撤退を求めたとの見方が浮上した。

●「米国のために出馬辞退を」

バイデン氏を支持してきた議員にも動揺が広がっていた。

米紙ワシントン・ポストの独自取材や声明をもとにした集計によると、7月10日時点で上下両院の13人の議員がバイデン氏の撤退を求めていた。

ピーター・ウェルチ上院議員はワシントン・ポストへの寄稿で「自らが最良の候補者であるか再評価する必要がある。私の考えでは彼はそうではない」と断定した。「米国のために、バイデン氏に出馬辞退を求める」と記した。

マイケル・ベネット上院議員はCNNで大統領選について「トランプはおそらく地滑り的な勝利を収め、上下両院で（多数派を）とる勢いだ」と訴えた。

11月5日には大統領選だけでなく、連邦議会選も実施される。任期6年の上院で全100議席のおよそ3分の1、任期2年の下院は435議席すべてが改選となるため、激戦区の議員にはバイデン氏で選挙戦に臨めば自身の選挙に逆風になるとの危機感が強かった。

●民主党有力者もバイデン氏に見切り

米主要メディアは7月18日になると、民主党の有力者がバイデン氏では共和党のトランプ氏に勝てないとの判断に傾いていると相次ぎ報じた。バイデン氏の進退に影響を及ぼす党の有力者としてはペロシ氏とオバマ氏の動向が注目されていた。

米紙ワシントン・ポストによると、重鎮のペロシ氏は、バイデン氏が近く選挙戦から退く決断をする可能性があると民主の下院議員に伝えた。米CNNによると、ペロシ氏は、バイデン氏ではトランプ氏に勝てないとの世論調査をバイデン氏に示した。民主が下院で多数派を奪還する機会を失うとも警告した。

民主党内に強い影響力を持つオバマ元大統領も周辺に「勝利への道は狭まっている」と語ったと報じられた。AP通信が7月11〜15日に実施した世論調査によると、民主支持層の65%がバイデン氏は撤退すべきだと答えていた。

バイデン氏にとって泣きっ面に蜂となったのが、新型コロナウイルスへの感染だ。米ホワイトハウスは17日、バイデン氏が新型コロナウイルス検査で陽性だったと発表した。地元の東部デラウェア州で自主隔離に入り、政治の表舞台から姿を消したバイデン氏への圧力はもはや押し返せないほどに高まっていた。

バイデン氏が撤退、そしてハリス氏へ

●撤退こそ「最善の利益」

7月21日、米民主党のバイデン大統領はついに11月の大統領選を戦う党の候補者指名を辞退し、選挙戦から撤退すると表明した。後継候補はハリス副大統領を支持すると明らかにした。バイデン氏は米東部時間午後2時ごろ、Xで声明を発表し「再選を目指すつもりだったが、私が選挙戦から退き、残りの任期を大統領としての職務を全うすることに専念するのが、党にとっても国にとっても最善の利益になると考えている」と記した。

さらにその後、「私はカマラ・ハリス氏を今年の党候補として全面的に支持し、推薦したい。民主党は今こそ団結してトランプを打ち負かす時だ。打ち負かそう」と呼びかけた。2020年大統領選でハリス氏を副大統領候補に指名したのは「最良の決断だった」と振り返った。

バイデン氏、孤独な撤退決断

「君とマイクにはうちに来てほしい」。東部デラウェア州のレホボスビーチの別荘。バイデン米大統領が撤退表明前日の7月20日に電話したのは副大統領時代から仕える最側近のスティーブ・リチェッティ大統領顧問だった。

米メディアによると、長年スピーチライターを務めてきたマイク・ドニロン氏とともに別荘に呼び出した。大統領選からの撤退圧力が強まる民主党内の情勢や急減する大口献金、逆風が吹く世論調査……側近2人が口にしたのは厳しい内容だった。

バイデン氏は19日に「来週、選挙戦に戻るのを楽しみにしている」との声明を出したばかりだったが、20日に側近と長時間話し合った結果「考えが変わった」（米政治サイトのポリティコ）。21日午後にX（旧ツイッター）で公表することになる撤退の声明づくりの場になった。

民主党内の撤退圧力は強まる一方だった。19日には新たに

談笑するバイデン氏（左）とオバマ元大統領
（2024年6月15日、ロサンゼルス）＝ロイター＝共同

上下両院の12人の現職議員が公然と撤退を要求した。18日午後の25人から一気に37人まで膨らみ、民主議員（会派を含む）の1割を超えた。

ペロシ元下院議長やオバマ元大統領といった有力者がバイデン氏では共和党のトランプ氏に勝てないとの判断に傾いていると報じられた直後だった。

バイデン氏は長年協力してきたペロシ氏らによるメディアへのリークを通じた圧力にいら立った。しかし、20年に続き「トランプを打ち負かす」との思いと裏腹に選挙情勢は悪化の一途をたどっていた。

●「トリプルレッド」に現実味

民主内の撤退圧力が強まった背景にあったのが、世論調査と大口献金者の離反だった。大統領選の結果を左右する激戦7州でトランプ氏が先行するだけでなく、民主の牙城だった南部バージニア州や西部ニューメキシコ州など「青い州」でも侵食され始めた。

大統領選と同時実施される連邦議会の上下両院選での劣勢も鮮明になってきた。大統領選と上下両院を共和党が制する「トリプルレッド」を許せば、トランプ氏が打ち出す政策への歯止め役がいない最悪の事態も現実味を帯びる。バイデン氏にとっては受け入れがたい現実だった。

集金力も目に見えて衰えた。バイデン氏を支えてきた俳優のジョージ・クルーニー氏らが相次ぎ撤退を要求。7月のバイデン陣営の大口献金者からの集金額は6月の半分ほどにとどまるとの見方も浮上した。バイデン氏に打つ手はなかった。

後継候補に推すハリス副大統領、ジェフ・ザイエンツ大統領首席補佐官に指名辞退を伝えたのは21日だった。午後1時45分ごろ、バイデン氏はオンライン会議で一部の選対幹部らに撤退すると伝達。その1分後、Xに「選挙戦から退く」と記した声明を発表した。

●「側近はイエスマンばかり」

なぜここまで決断が遅れたのか。民主党政権の元高官は「バイデン氏は頑固で、側近はイエスマンばかり。出処進退の判断で影響力があるジル夫人ら家族は選挙戦継続を望んでいた」と話す。

バイデン氏は36年間務めた上院議員と2期8年の副大統領時代からのスタッフで側近を固める。「耳障りな情報を上げる体制が整っていなかった」（元高官）という。

テレビ討論後、記者会見や演説などを通じて認知力への懸念を払拭する戦略も成果に乏しかった。

バイデン氏には20年大統領選でトランプ氏の再選を阻んだ自負があった。トランプ氏に「民主主義の脅威」との非難を強めた。だが、そうした言動がトランプ氏の銃撃事件に「直結した」と批判され、対立をあおる手法を抑制せざるを得なくなった。

銃撃事件を経て結束した共和党と対照的に、民主党は討論会後の24日間を党内抗争に空費した。しこりが残る民主党をまず団結させることがバイデン氏の悲願であるトランプ氏の復権を阻止する最低条件になっていた。

●ハリス氏「トランプを打ち負かす」

バイデン氏の撤退表明を受け、米民主党のカマラ・ハリス副大統領はすぐさま11月の大統領選を戦う党候補者の「指名を勝ち取るつもりだ」との声明を発表した。

声明では「(共和党候補の)ドナルド・トランプ(前大統領)を打ち負かすため、民主党とこの国を団結させることに全力を尽くす」と訴えた。

ハリス氏はその翌日、ホワイトハウスで開いたアスリートらを招いた会合で演説し、バイデン氏について「過去3年間に残した功績は、現代史において比類ないものだ」とたたえた。

バイデン氏の後継候補として取り沙汰されてきた西部カリフォルニア州のニューサム知事や東部ペンシルベニア州のシャピロ知事、中西部ミシガン州のウィットマー知事、イリノイ州のプリツカー知事らは相次いでハリス氏を支持すると表明した。

米ホワイトハウスでイベントに参加したハリス氏（前列中央）（2024年7月22日、ワシントン）＝共同

●「習近平と対峙できるか」

ハリス氏は59歳で、81歳のバイデン氏と比べれば、大幅な若返りだ。インド系の母とジャマイカ系の父を持ち、21年に黒人、女性、アジア系として初めて副大統領に就いた。西部カリフォルニア州の司法長官や上院議員などを歴任した。だが、20年の大統領選では民主の予備選に出馬したが、支持を広げられず撤退していた。

バイデン氏が後継に指名した時点で、ハリス氏の人気や資質を疑問視する向きもあった。米リアル・クリア・ポリティクス（RCP）が集計した世論調査の平均では、ハリス氏の支持率は39％で、40％のバイデン氏より低かった。トランプ氏と一騎打ちになった場合、トランプ氏への支持が48％なのに対し、ハリス氏は46％だった。

ハリス氏は上院議員の1期目に副大統領に転じた。議員と副大統領の経験は計10年に満たない。上院議員を36年、副大統領を2期8年務めたバイデン氏に比べて行政や外交の経験は乏しい。担当した不法移民対策は難航し、ハリス氏を支えた側近が相次ぎ離れて求心力の低下をさらしたこともあった。

共和党は政治経験が長くないハリス氏の資質をただしてきた。「カマラ（・ハリス氏）がロシアのプーチン大統領や中国の習近平（シー・ジンピン）国家主席と向かい合っているのを想像できるか」（テッド・クルーズ上院議員）などと攻撃してきた。

もっとも11月の大統領選が迫るなか、ハリス氏の民主候補指名への流れは加速していく。民主党内ではこれ以上の混乱は避け、一致団結してトランプ氏と対決すべきだとの空気が強まっていた。

トランプ支持者MAGA座談会

復権を狙うトランプ氏が強く支持されるのはなぜか。米大統領選の約1年前、激戦州の一つ、西部アリゾナ州でトランプ支持者8人に話を聞いた。

●「負ければ米国は終わり」

「トランプが当選しなかったら、この国は終わりだ」

「彼はこの国のかじ取りのために私財をなげうった。自分のためでなく国のために戦っている」――。

2023年10月11日夜、州都フェニックスから270キロほどに位置するグラハム郡サフォードのバー。トランプ氏の魅力を問うと、元警察官のロン・シュラーゲルさんと飲食店経営のブラシウス・パリシュさんは即答した。

元警察官のロン・シュラーゲルさんは「トランプが当選しなかったら、この国は終わりだ」と力を込めた

集ったのは自らを「MAGA」と呼ぶトランプ支持者たち。トランプ氏のスローガン「Make America Great Again（米国を再び偉大に）」の頭文字から、そう呼ばれるようになった。

●「最も成功した大統領」

シュラーゲルさんは「トランプは最も成功した大統領の一人だ。（共和党の予備選に立候補している）無名の候補にチャンスを与える必要はない」と続けた。支持率でトランプ氏に先んじられている南部フロリダ州のデサンティス知事らへの期待は乏しい。

傾倒する理由はなにか。元大学教授のマーティ・ヒグビーさんは「彼は誰かに便宜を図って大統領に就いたわけじゃない」と話した。既存の政治エリートを批判し、資金面でもしがらみがないと信じる。

トランプ陣営と関連政治団体の合同集金委員会によると、トランプ氏の政治資金はデサンティス氏らに比べて小口献金が目立つ。根強い支持者が多いことが資金集めからもうかがえる。

トラック運転手のシェーン・ジョーンズさんは「トランプは世界の舞台で権力の象徴だ」と断言。「他の国は自らの言動に注意すべきだ。彼は行動する男で、一線を越えれば何をするか分からないからだ」と語った。

バイデン政権は「権利奪う」

出席したトランプ支持者は民主党のバイデン政権が「我々の権利を奪おうとしている」と不信感を口にした。パリシュさんは全米で相次ぐ銃撃事件を受けた銃規制の強化に触れ「罪を犯した特定の集団のせいで、自分の身を守る銃を手放さなければならないのか」と唱えた。

気候変動対策の一環で民主党政権が打ち出すガソリン車から電気自動車（ＥＶ）への転換のほか、新型コロナウイルスの感染拡大に伴う行動規制やワクチン接種などにも「放っておいてほしい」と不満を示す。「言論の自由さえ奪おうとする」と断じた。

トランプ氏や支持勢力を「ＭＡＧＡ過激派」と決めつけ、国家の脅威だと繰り返すバイデン大統領への反発も強い。パリシュさんは「トランプへの攻撃は我々への攻撃と同じだ」と非難。民主政権のもとでは保守派が「テロリスト」として扱われると懸念し、トランプ氏の復権を待望する背景になっていると解説した。

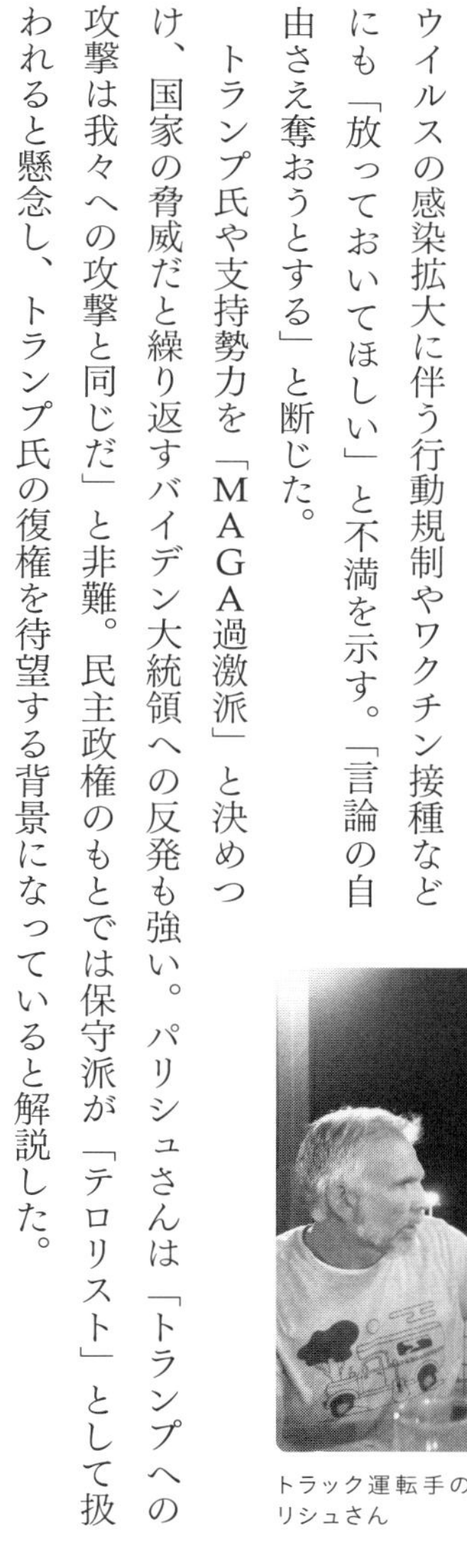

トラック運転手のジョーンズさん（右）と飲食店経営のパリシュさん

共和が主張する人工妊娠中絶の制限について、民主は権利の剝奪につながる措置であり、自由を重視する共和の論理と矛盾していると批判。「神を信じる人と信じない人の違いだ」「共和も完全に禁止とは主張していない」と反論した。キリスト教保守派は全面禁止を求める一方、穏健派は例外を設けることに前向きだ。

● ウクライナ支援は反対

議論が最も白熱したのはウクライナ支援のあり方だった。支援を継続すべきかと聞くと、一様に拒んだ。「関係ない戦争に巻き込まれたくない」「巨額すぎる。できる限りのことはやった」などと否定的な意見が相次いだ。

ロシアの侵攻を容認すれば、台湾の武力統一を辞さない中国を刺激するリスクもある。米軍が関与をためらえば世界で抑止力が効きにくくなり、国際社会は不安定になりかねない。それでもシュラーゲルさんは「(軍事品の)備蓄が枯渇し、米国自身が弱くなっている」と反論。妻のモニカさんも「外国の政府や国民のために何かをあきらめ、自分たちの子どもが戦争に駆り出されることにうんざりしている」と同調した。

共和支持層がウクライナ支援縮小論とセットで語るのが国境管理の強化だ。とりわけ南部メキシコ国境まで数百キロに位置するサフォードの有権者には治安にも直結する問題で、国境警備の強化に予算を回すべきだと主張する。

シュラーゲルさんは「米国が劣化しつつあるときに、ウクライナに何十億ドルも拠出し続けるのはおかしい」と言及した。一方、出席者は労働力として地域を支える合法移民を受け入れる必要性では一致する。

●「自分の国が沈んでもいいのか」

共和穏健派には政権を奪還するには、過激な言動を好まない無党派層を取り込める候補を指名すべきだとの意見もある。

その点をただすと、パリシュさんは「その質問は『なぜもっと左派の候補を探さないのか』という意味だ。できない」と発言。「トランプがあなたの感情を傷つけ、怒らせるようなことを言ったから嫌いなのだろう。でもそれで自分の国が沈んでもいいのか」と語った。

ヒグビーさんは「大統領選は人格をめぐる争いではない。国にとって適切だと考える政策を進める候補に投票するだけだ」と熱弁する。

●トランプ氏は勝てる候補

座談会は前共和党グラハム郡議長のキップ・ケンプトンさんがトランプ支持者の友人に声をか

けて実現した。ケンプトンさんは16年と20年に続き、24年もトランプ氏を支持するつもりだ。

実は2カ月ほど前までは別の候補を推そうと探ったと明かす。「トランプの政策は好きだが、政治手法、メッセージの伝え方は好きではない」と率直に打ち明ける。自動車販売店を経営するケンプトンさんはトランプ氏が背を向けた自由貿易の重要性も説く。

「デサンティスが望ましいが、勝てないだろうね。バイデンとの対決になればトランプを支持する」。トランプ氏への支持に他の出席者と温度差はあっても、政権奪還へ結束するにはやむを得ないとの立場を示す。

ケンプトンさんはいう。「民主主義は複数のアイデアを認め、最後は最良のものが選ばれるという素晴らしい制度だ。民主党は特定の行動を強制する法律を制定しようとする。私の信念に完全に反する」

激戦州でカギ握る「郊外女性」 本音の座談会

米大統領選の勝敗を決する激戦州で、とりわけカギを握るとされたのが「郊外女性」たちだ。高学歴で既婚、中高所得の都市郊外に住む白人女性を指すことが多い。スイング・ボート（揺れる票田）として民主、共和両党が争奪戦を繰り広げる。彼女たちはどう一票を投じるのか。バイデン氏が撤退を表明する直前、南部ジョージア、ノースカロライナ両州の郊外女性たちに、座談会で本音を語ってもらった。

● 経済、価値観、外交巡り揺れる女性たち――ジョージア州アトランタ

「郊外女性」は民主のクリントン大統領（当時）が再選された1996年の大統領選で「サッカー・ママ（ママ）」と呼ばれ、民主、共和両党が取り込みを狙ったのが注目されるきっかけになったとされる。子供のサッカーの練習の付き添いに奔走する母親たちが代表する有権者層としてこの名がついた。

その後も選挙の度に「ホッケー・マム」「セキュリティー（安全）・マム」など名前を変えながら注目されてきた。最近は人種も所得も多様化が進んでいる。

2024年6月26日夕、ジョージア州アトランタ郊外。自営業の女性コニー・フランケルさん（58）宅のリビング・ルームに、テニスに似たスポーツ「ピックルボール」仲間やその友人、6人が集まった。50～60代の弁護士や自営業、主婦などの女性たちだ。

普段は政治の話は一切しないが、この日はワインを片手に大統領選について1時間以上にわたって議論した。

「人物ではなく、自分にとって重要な経済、移民、犯罪の政策で投票を決める。誰に投票するかは分かるでしょう」と自営業の女性が会話の口火を切った。

「トランプ氏の人となりは嫌いだけど、政策は支持する。犯罪が増えすぎて道を安心して歩けないし、私のビジネスの売り上げは半減した。ずいぶん迷ったけれど、今は心を決めた」と、共和のトランプ氏に投票するつもりだと断言した。

フランケルさん宅に集まった女性たちは、1時間以上にわたって議論した
（2024年6月26日、ジョージア州アトランタ郊外）

「トランスジェンダー（出生時の性と自認する性が一致しない人）に女子スポーツ参加を認めるなど、リベラルすぎる政策に米国の価値観が脅かされている気がする」と、別の女性もトランプ氏支持に傾いていると語った。

子供や孫の世代のために人工妊娠中絶の権利を守りたいという女性は、当時は民主候補の指名が確定していたバイデン大統領を支持すると話した。民主は中絶の権利擁護を前面に押し出しているからだ。

リベラル派だというユダヤ系の弁護士の女性は「議会占拠事件を扇動したトランプ氏に投票はできない。でも（イスラム組織）ハマスとイスラエルの紛争が始まって以来、イスラエル支持の私はリベラルに居場所がなくなってしまった」と、民主内の一部の反イスラエル姿勢にわだかまりがあると話した。

「第3候補を支持するか、投票しないかもしれない」とため息をついた。

米国の分断を憂う思いで全員が一致した。「同時テロの時には皆が団結したのに、コロナ禍ではそうはならなかった」

中絶や銃規制の問題で、極端な主張をする少数派が対立をあおっているとの指摘に全員がうなずいた。「政治家は大多数の声に耳を傾けていない」「今夜の私たちの議論のように、意見が違っても穏やかに話ができれば互いに学べるのに」

座談会では支持候補を決めていなかったフランケルさんは、バイデン氏の撤退表明後にハリス副大統領支持を決めた。ただ「彼女が左に偏りすぎるようなことがなければね」と条件を付けた。「もしそうだと分かったら、どうしていいか分からなかった元の状況に戻ってしまう」

●「青い州都」の共和党員
――ノースカロライナ州ローリー

7月10日、州都ローリーのレストランに共和の支持団体に所属する「トランプ派」女性4人が集まった。会話から浮かび上がったのは米国の分断の根深さだ。

「今朝、民主党支持者から中傷メールが届いた。自分の家の近くにファシストの組織があるなんて信じられない、と攻撃された」。かつてアメリカン航空で客室乗務員を務めていたビバリー・ネイザンさんは肩を落とした。

「私たちは同じテーブルについて、我々が抱える問題について話し合うべきだと思う。中傷合戦をするので

州都ローリー郊外のレストランに集まった、ジョイナーさんら共和党支持の女性4人
（2024年7月10日、ノースカロライナ州ウエーク郡）

はなく、協力し合わなければならない」。ソフトウエア会社に勤めるポーリン・アシュクラフトさんもこう応じた。

トランプ氏を支持する4人が特に批判的に語ったのがバイデン政権の経済運営だ。アシュクラフトさんは「バイデン政権下でアメリカンドリームが遠のいていくように感じる」と話す。「大学に行って良い仕事に就けば達成できると思っていたすべてのことが、手が出せないほどに値上がりしてしまった」

米経済は成長を続け、失業率もトランプ氏が21年に大統領を退いたときより低い。そう水を向けると「具体的な数字をもって説明はできないが、街で人と話すと雇用環境が悪化していることが分かる」。ブルガリアからの移民で不動産業界で働くダイアナ・ロッキーさんは反論した。

バイデン氏の国境政策を問うと、地元の共和党クラブで代表を務めるサンディ・ジョイナーさんは「バイデン政権に国境政策なんてものがあるのかしら?」と皮肉った。ネイザンさんも「本当に亡命を求めている移民なら助ける必要があるが、犯罪者なら（どうなろうが）気にしない」と強調した。

ロッキーさんは「不法移民が国内にとどまっているのは不公平だ。私がどれほど苦労してこの国に来たか。合法的に市民権を取得するまでに長く待たなければならなかった」と憤った。

インド人や中国人などを念頭に「非常に有能で経済に貢献できる人々を受け入れる制度は必要だが、不法移民はまた別の話だ」と述べた。

座談会も1時間を過ぎ、議論が白熱してきたタイミングで中絶問題について尋ねた。少し沈黙が流れた後、アシュクラフトさんは「こうした問題は私たちの国では州レベルで決定される。大統領選挙の争点ではない」と話した。

座談会のおよそ2週間後。共和党大会に参加したというジョイナーさんはトランプ氏の演説を絶賛した。「トランプ氏は国家の明確な使命とビジョンを語っていて、素晴らしい演説だった。ハリスはリーダーなんかじゃない。トランプならハリスを圧倒的に打ち負かすことができる！」

米大統領候補への献金、金融はトランプ氏回帰 テックはハリス氏

米大統領選での大口献金の獲得競争の状況をまとめた。金融界のマネーは共和党のトランプ氏に向かい、民主支持の多いテック業界ではハリス氏が多くの資金を集めていた。どちらが勝利するか読みにくいなか、各界のリーダーは難しい決断を迫られた。

政治広告や激戦州での選挙活動などに充てる資金集めでは、選挙戦最終盤の時点でハリス氏に勢いがあった。ハリス陣営によると、8月の調達額は3億6100万ドル（約520億円）とトランプ陣営（1億3000万ドル）の3倍近くになった。9月上旬時点の手元資金も4億ドル強とトランプ陣営を1億ドル超上回る。

ウォール街の大物はトランプ支持

個人の草の根の献金がハリス陣営を支えているが、大口献金に視線を移すと別の傾向も浮かび上がる。米調査サイト「オープンシークレッツ」が集計した献金者の業種別の献金額（8月

■図表1　金融はトランプ氏、テックはハリス氏が優勢

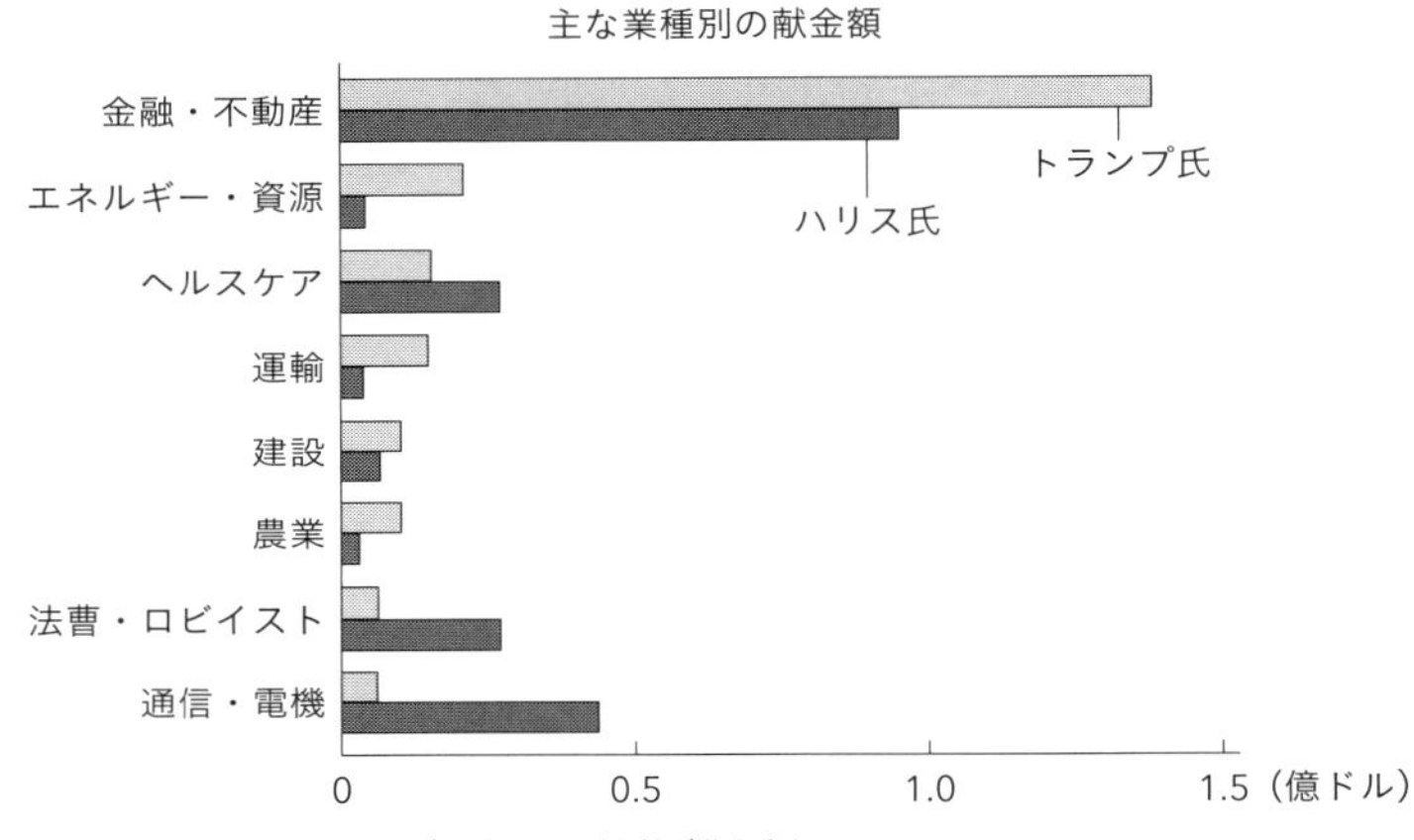

（注）8月時点。ハリス氏はバイデン氏からの引き継ぎ分を含む
出所：オープンシークレッツ

までの累積）をみると、金融・不動産はトランプ氏におよそ1億3800万ドル、ハリス氏に9500万ドルを拠出した。双方で業種別トップになった。

トランプ氏の金融・不動産からの献金額は足元で2020年の大統領選と比べ3割以上多い。20年はバイデン大統領に2倍以上の差を付けられたが、トランプ氏支持に回帰する動きが目立つ。献金しているのは自身で投資会社を創業し、莫大な富を築いた著名な投資家たちだ。

連邦選挙委員会（FEC）の開示資料によると、強硬なアクティビスト（物言う株主）として知られるエリオット・マネジメント創業者のポール・シンガー氏は8月、トランプ氏を支援するスーパーPAC（政治活動委員会）に500万ドルを献金した。

大手投資ファンドのブラックストーン最高経営責任者（ＣＥＯ）のスティーブン・シュワルツマン氏は一時トランプ氏と距離を置いていたが、献金を再開した。大手ベンチャーキャピタル（ＶＣ）のアンドリーセン・ホロウィッツの共同創業者や暗号資産（仮想通貨）ビジネスの創業者にもトランプ支持の動きが広がっていた。

背景にはバイデン政権への不満がある。「民主は高額所得者への増税に積極的だ。富裕層の保有資産の含み益への課税も提案しており、資産売却を強制するようなものだ」。トランプ氏に献金する大手投資会社首脳はこう話した。

●ジョブズ夫人はハリス氏と親交

独立系投資銀行のラザードＣＥＯのピーター・オルザグ氏やエバコア創業者のロジャー・アルトマン氏はハリス氏を支持した。いずれも歴代の民主党政権の幹部だ。ブラックストーンではナンバー2のジョン・グレイ最高執行責任者（ＣＯＯ）がハリス氏を支持し、会社の党派色を薄めた。

テック業界では長年民主の献金者だった起業家のイーロン・マスク氏がトランプ氏への支持を表明し、同氏を支援するスーパーＰＡＣまで立ち上げた。マスク氏は不法移民の流入を巡りバイデン政権を厳しく批判。電気自動車（ＥＶ）の普及促進策で労働組合のある自動車メーカーを優遇したバイデン氏に不満を募らせた。

もっとも、伝統的にリベラル派の多いシリコンバレー全体でみれば今回もハリス氏支持が優勢だ。ハリス陣営は8月時点で通信・電機から4360万ドルを集め、トランプ陣営に8倍以上の差を付けた。

アップル共同創業者の故スティーブ・ジョブズ氏の妻、ローレン・パウエル・ジョブズ氏はハリス氏がサンフランシスコ地方検事の頃から親交が深い。グーグル元CEOのエリック・シュミット氏や、トランプ氏が「法と秩序を脅かす」と訴えるリンクトイン共同創業者のリード・ホフマン氏もハリス氏に献金した。

●オープンAI、アルトマン氏は沈黙

経営トップが大統領選で支持する相手を明らかにしないケースも多かった。政権との関係が悪化してビジネスへの影響が生じるのを避けるためだ。テック企業は幹部や従業員に移民が多く、多様性への配慮から政治的な立場をあえて打ち出さない面もある。

Chat（チャット）GPT開発のオープンAIのサム・アルトマンCEOは民主の長年の献金者だが、今回は支持先を表明しなかった。人工知能（AI）規制を巡り当局の監視の目が強まるなか、政治的発言はリスクが高いと判断した可能性がある。

■図表2　金融・テック業界の有力者の献金先

トランプ支持	金融	ポール・シンガー	エリオット創業者
		スティーブン・シュワルツマン	ブラックストーンCEO
		ジョン・ポールソン	著名投資家
		ビル・アックマン※	著名投資家
		スコット・ベッセント	著名投資家
		ハワード・ルトニック	投資銀キャンター・フィッツジェラルドCEO
		キャメロン・ウィンクルボス、タイラー・ウィンクルボス	仮想通貨交換ジェミニ共同創業者
	テック・VC	イーロン・マスク	テスラCEO、X会長
		ジョー・ロンズデール	パランティア共同創業者
		ベン・ホロウィッツ、マーク・アンドリーセン※	VCアンドリーセン・ホロウィッツ共同創業者
		デービッド・サックス	VC代表
ハリス支持	金融	ジョージ・ソロス	著名投資家
		ジョン・グレイ	ブラックストーンCOO
		マーク・ラスリー	ヘッジファンドのアベニュー・キャピタルCEO
		ロジャー・アルトマン	投資銀エバコア創業者
		ブレア・エフロン	投資銀センタービュー・パートナーズ共同創業者
		ピーター・オルザグ※	投資銀ラザードCEO
	テック・VC	メリンダ・フレンチ・ゲイツ※	ビル・ゲイツ元妻
		ローレン・パウエル・ジョブズ	故スティーブ・ジョブズ氏の夫人
		エリック・シュミット	元グーグルCEO
		シェリル・サンドバーグ※	メタ前COO
		リード・ホフマン	リンクトイン共同創業者
		リード・ヘイスティングス	ネットフリックス共同創業者
		ビノッド・コースラ	VC代表
表明せず	金融	ジェイミー・ダイモン	JPモルガンCEO
	テック	サム・アルトマン	オープンAIのCEO
		マーク・ザッカーバーグ	メタCEO

（注）FEC開示資料や取材をもとに作成。※は米報道ベース、支持表明の段階含む。敬称略

メタのマーク・ザッカーバーグCEOも選挙戦と距離を置く。トランプ氏はメタの運営するSNS「フェイスブック」の投稿管理を巡ってザッカーバーグ氏を敵視し、大統領選で自身が不利になる行為を控えるよう圧力をかけていた。

米銀大手JPモルガン・チェースのジェイミー・ダイモンCEOも9月下旬、CNBC系テレビで「現時点で誰の支持も表明していない」と語った。トランプ氏は財務長官候補としてダイモン氏に言及し、その後に可能性を否定した経緯がある。ダイモン氏は9月にハリス氏と会談したとの報道もあり、両にらみの「外交」を展開した。

第4章

吹いた風、つかめなかったハリス（2024年8〜9月）

4-1 ハリスのハネムーン、ムード先行に危うさ

ハリス旋風、ラストベルトに届くか 経済への不満が壁に

11月の米大統領選の構図が一変した。民主党のバイデン大統領（81）とトランプ氏（78）の再戦は民主候補がハリス副大統領（59）に代わり混戦になった。初の女性大統領か、復権か。決戦まで3カ月、勝敗を左右する激戦州の攻防は激しさを増していた。

ハリス氏出馬で「活気」

「当選すれば、すべての米国人のための政治をする」。ハリス氏は8月6日、東部ペンシルベニア州フィラデルフィアで選挙集会を開き、無党派を含む幅広い有権者に支持を呼びかけた。副大統領候補のティム・ワルツ・ミネソタ州知事を初めて紹介する晴れの舞台に最も重要な激戦州の一つを選んだ。

米大統領選は選挙のたびに勝者が入れ替わる「スイングステート（揺れる州）」と呼ばれる激戦州が勝敗を分ける。今回は7州が焦点で、そのうちペンシルベニア、中西部ミシガン、同ウィスコンシンの3州がラストベルト（さびた工業地帯）にある。

候補交代は激戦州にどんな影響を与えたのか。ペンシルベニア州ピッツバーグ。かつての鉄の町、製造業が衰退するラストベルトの中心都市では、ハリス氏出馬を歓迎する声が広がっていた。

ピッツバーグ近郊に住む30代の大学院生、ジェームズ・

投票するかを悩んでいた大学院生のジェームズ・モーガンさん（ピッツバーグ）

モーガンさんは「若くて面倒見の良さそうなハリス氏」への投票の意欲がわいてきた。2020年の前回選挙ではバイデン氏に投票したが、健康問題に失望して今回は投票をやめようかと思っていた。

ハリス氏であれば、学生ローンの負担など若者の苦境にも目配りをしてくれるはず。PR業界で働くモーガンさんの妻は、ハリス氏の選挙活動に加わろうと転職を検討し始めた。

● 全米支持率でトランプ氏を逆転

引退前は鉄鋼や鉄道関連の仕事をしてきた黒人男性のレニーさん(60)とバンさん(70)は「米国には新しいリーダーが必要だ。ハリスが出馬したことで活気が出た。女性が大統領になれる時代がきたと感じている」と口をそろえた。公民権運動の歴史も踏まえれば、同じ黒人のハリス氏に肩入れしたくなるという。

米リアル・クリア・ポリティクス(RCP)が8月6日集計した世論調査の平均支持率はハリス氏が47・4%で、トランプ氏の46・9%をリード。バイデン氏の選挙戦撤退の直前は同氏をトランプ氏が約3ポイント上回っていた。

もっとも、州ごとに選挙人を奪い合う大統領選は全米の得票率が勝敗に直結しない。民主、共和がそれぞれ強い40州あまりは結果が見えている。激戦州をいくつ制するかがすべてだ。

ラストベルトは大統領選の激戦ぶりを象徴する地域だ。トランプ氏は16年、この地域の製造業の白人労働者が抱く不満をすくいとって勝利した。20年は「反トランプ」を掲げたバイデン氏が奪還した。トランプ氏は今回、バイデン政権の経済政策を「失敗」と決めつけることで、8年前の再現を狙っていた。

■図表4-1　ハリス氏は若者・女性・非白人に強み

	ハリス氏	トランプ氏
全体	47	**48**
男性	39	**56**
女性	**55**	41
若者（18〜29歳）	**59**	38
白人	41	**55**
黒人	**72**	19
ヒスパニック	**60**	36
大卒以上	**58**	38
学位なし	40	**55**

（注）支持率、%。ニューヨーク・タイムズとシエナ大学の調査

●「私の答えはトランプ」

7月13日のトランプ氏銃撃の舞台となったペンシルベニア州バトラー。半旗がなびく町で70代の白人女性、バーブ・モリソンさんは「政府は機能していない。今回も勝利はトランプだ」と話した。

熱心なキリスト教徒だという60代の夫婦、ドナさんとスティーブさんは「(民主党政権は) 私たちが重視している問題に対する理解がない」と憤っていた。「私の答えはトランプだ」。バトラーから南に車で1時間。ピッツバーグ近郊で30年以上飲食店を営むボブ・ポートゴロさんもトランプ支持を明言した。

バイデン政権が進めた脱炭素政策で、州のシェールガス関連投資が止まった。光熱費や従業員を雇うためのコストも上昇した。積み重なった不満がトランプ支持者を増やした。「私ほど自動車産業と労働者のために働いた大統領はいない」。トランプ氏は銃撃後に再開した選挙集会の開催地にミシガン州を選んだ。ラストベルト出身の副大統領候補バンス氏を伴い、製造業重視を訴えた。

●労組票の争奪戦、激しく

調査会社のオープンシークレッツによると、ラストベルトの激戦3州の献金額は24年、すべての州でトランプ氏がバイデン氏を上回った。4年前は逆だった。

バイデン氏は自分が労組の味方だと強調してきたが、ラストベルトに多い全米鉄鋼労働組合の組合員比率は共和党と民主党で半々。地元の共和党幹部は「鉄鋼労働者の7割はトランプ支持」と話した。

バイデン政権もラストベルトへの産業誘致を進めてきた。シンクタンク、ジャーマン・マー

飲食店を営んで30年。ボブ・ポートゴロさんは「私の答えはトランプだ」と明言した

シャル・ファンドのブルース・ストークス客員上級研究員は「ラストベルトは20年から3年間、最も雇用が伸び、起業も増えた」と分析する。

それでもバイデン政権の経済政策は有権者の高い評価を得ているとは言いがたい。ハリス氏は物価高や移民の流入増などによる現政権への不満も引き継ぐ。有権者に変化をアピールできなければ、候補交代が生んだ勢いは続かないのは明らかだった。強いリーダーシップを示せるか、残された時間はわずかとなっていた。

移民の州に反移民の波
民主の「失政」突くトランプ氏

メキシコとの国境に接する米西部アリゾナ州。マイラ・ロドリゲスさん（48）はメキシコから移住し30年の節目を迎えた。2024年、市民権を取得し初めての大統領選投票に臨んだ。

●トランプ支持のメキシコ移民

メキシコ通貨危機さなかの1994年。経済の崩壊と治安の悪さを理由に、観光ビザを使って一家で移り住んだ。

結婚し、子どもを産み、幸せな移民生活を送ってきた。そんな彼女が投票先に選んだのは「国境の壁を完成させる」と訴える共和党のトランプ氏だ。

国境を越えようとして命を落とす同胞が増えていることに我慢できない。民主党のバイデン

メキシコ移民のマイラさんは国境管理を強化するべきだと訴える（2024年7月、アリゾナ州トゥーソン近郊）

政権による曖昧な政策が不法移民の急増を招いたとみていた。

●不法移民、バイデン政権下で急増

アリゾナと隣の西部ネバダは大統領選の勝敗を決する激戦州だ。ヒスパニック（中南米系）が人口の3割を占める「移民の州」といわれる。おのずと移民政策が争点の一つとなった。

バイデン政権は党内の左派に配慮し、不法入国者への厳しい取り締まり策を導入するのが遅れた。不法移民を敵視するトランプ氏と比べ「寛容」と受け止められ、中南米などから国境を目指す人が殺到した。

米税関・国境取締局（CBP）によると、南西部国境で拘束された不法移民は2023会計年度（22年10月〜23年9月）まで3年連続で過去最多を更新した。

非営利団体「ヒューメイン・ボーダーズ」によると、アリゾナの国境地帯で確認された死者は年間およそ200人に達する。

●「移民対移民」の構図に

アリゾナの州都フェニックス近郊で飲食業を営むメキシコ移民2世のエムベッサさん（41）は前回、バイデン氏に投票したが、今回は投票先を決めかねていた。不法移民でホームレスが増加し、治安が悪化したと受け止めているためだ。
時間とお金をかけて合法的に市民権を得た人にとっては、不法入国という手段は不公正にも映る。トランプ氏に共感するヒスパニックは少なくなかった。

●共和、「作戦会議」で危機感訴え

共和党は草の根活動を通じて、新しく流入する不法移民に不満を抱くヒスパニック系移民の支持を掘り起こす戦略を描いた。

アリゾナ中央部のカサグランデ。7月2日、公民館のような小さな建物で、共和党幹部と数十人のボランティアが大統領選に向け作戦会議をしていた。

党全国委員会のマイケル・ワトリー委員長は「彼ら（不法移民）が誰なのか、どこにいるのか、何をしているのかも分からない。これでいいのか」と呼びかけた。投票先を決めかねている有権者に危機感を呼び起こす方針を確認した。

西部アリゾナ州ピナル郡カサグランデではトランプ支持のボランティアの人々が集まり、作戦会議を開いていた

ボランティアが各地域の選挙戦を率いる、トランプ陣営のこの取り組みは16年、20年の大統

領選にはなかった。

●伝統的には民主支持

ヒスパニックは伝統的に民主の支持基盤だ。トランプ氏に反発する人も少なくない。40年ほど前にメキシコから移住し、アリゾナの国境の町ノガレスに住むロベスピエールさん（61）は「自分たちがかつて米国に受け入れられたように、決死の覚悟で逃げてきた人々をなぜ受け入れられないのか」と話した。人種差別的な発言を繰り返すトランプ氏を支持する移民にも不満を抱いていた。

バイデン氏から民主の大統領候補を引き継ぎ、トランプ氏と対決するハリス副大統領はこうした層に訴える。「移民を中傷し、排斥を助長し、憎悪をあおるような人物は、二度と合衆国大統領となるべきではない」。7月9日、ネバダの選挙集会でこう力説した。

●ハリス氏は踏み込み不足

ハリス氏には弱点があった。バイデン氏のもとで移民政策の責任者を務めてきたが、目立った成果を上げられていないと批判された。米リアル・クリア・ポリティクスが集計した世論調査によると、有権者の6割がバイデン政権の移民政策について「不支持」と答えた。

民主党はリベラル派を中心に移民に寛容であるべきだとの声が根強かった。ハリス氏は「国境の安全を確保する」と唱えたが、トランプ氏のように具体策には踏み込めないでいた。

移民は米国の経済成長を支える活力でもあったが、治安や雇用に不安を抱える無党派層は無視できない。大統領選は移民大国のあり方を問う契機となるはずだが、感情的な対立が建設的な議論を妨げようとしていた。

中絶規制が世論を二分
アメリカ南部、揺れる「郊外女性」

バイデン米大統領が選挙戦からの撤退を表明した7月21日、南部ジョージア州アトランタ郊外に住むエラーナ・ジマンドさん（63）の心が固まった。

●カマラへ一票、「迷いは消えた」

「素晴らしいニュース！　カマラ（ハリス副大統領）に喜んで投票する」。もともとバイデン氏への投票を考えていたが、6月27日の討論会で衰えぶりを目の当たりにし「どちらにも投票したくない」と態度を変えていた。候補者の交代で迷いが消えた。

ジョージアと南部ノースカロライナ州は今回の大統領選の激戦州だった。南部は保守的な有権者が多く共和党が優勢だったが、経済が発展する両州にはリベラルな人が多く移り住み、共和、民主のどちらが勝つか読みにくくなっていた。

勝負のカギを握るのはジマンドさんのような郊外に住む女性とされた。経済的に比較的余裕があり、高学歴で社会問題に敏感な人が多いといわれる。民主支持者が多い都市部と共和支持者が多い農村部の中間に位置し、浮動票として1990年代から注目されてきた。

●奪われる権利、「我慢できない」

郊外女性の関心が高いテーマが、中絶の権利だった。非営利法人KFFの調べでは、選挙戦の最重要テーマとして、郊外女性の12%が中絶問題を挙げた。

「最高裁判断以降の中絶禁止の広がりのスピードは恐ろしい。娘や孫の世代が心配だ」「女性の権利を奪う動きには我慢できない」――。ジマンドさん宅に集まった女性たちに聞くと、中絶禁止の動きに反対する声が次々に上がった。

トランプ政権下で保守派の判事が多数派となった連邦最高裁が2022年6月、中絶を権利として認めた判決(ロー対ウェイド判決)を覆し、各州は独自に中絶を禁止できるようになった。キリスト教保守派を支持基盤とする共和党地盤の多くの州が中絶の禁止や厳しい制限に踏み切った。

●トランプ氏は女性の「敵」

「ドナルド・トランプの極端な中絶禁止を阻止する」。ハリス氏は7月30日、アトランタで強調した。ハリス氏は副大統領として中絶経験のある女性との面会など権利擁護の取り組みを重ねてきた。3月には現職の正副大統領として初めて中絶施設を訪れた。「女性の味方」のハリス氏と「敵」のトランプ氏という構図で女性票を取り込む戦略を描いていた。

「中絶が争点」に違和感も

トランプ氏は中絶が争点になるのを避けようと必死だった。22年の中間選挙では中絶問題で苦戦を強いられた。共和党の選挙公約では強硬論を封印し、中絶の規制は全米一律でなく各州の判断に委ねる方針を盛り込んだ。

KFFによると、郊外女性の69%が中絶に賛成する半面、反対が30%を占めていた。キリスト教保守派を中心に、ハリス氏が掲げる権利擁護に賛

ハリス氏はアトランタで集会を開いた（2024年7月下旬）

同する女性ばかりではなかった。

中絶問題を選挙の争点にすべきではないと考える女性もいた。ノースカロライナの州都ローリー郊外で、ソフトウエア会社に勤めるポーリン・アシュクラフトさんは「どこで線を引くべきか、みんな異なる意見を持っている。民主党員でも胎内の赤ちゃんを殺すべきではないと考える人もいる。とても感情的な問題だ」と話した。

●黒人有権者に「民主党疲れ」

南部は黒人有権者の動向も勝敗を左右する。

ジョージア州では人口の約3割、ノースカロライナ州では約2割が黒人で、全米の13%を上回る。1960年代の公民権運動時代以来、黒人は民主党を支えてきたが、物価高などによる生活苦がその岩盤を揺るがしていた。

ノースカロライナ州クレイトンに住む黒人男性の警官、アントワーヌ・トーマスさん(38)は16年以降、共和党支持に転じた。先端技術や医療関係の製造業が成長しているが「多くの黒人

ノースカロライナの州都ローリー郊外に集まった、アシュクラフトさんら女性4人は共和党を支持する

は教育や経験が不足しているため就業の機会を得られずにいる」。生活が苦しくなり「多くの黒人は民主党に疲れた」という。

22年の政府統計によると、黒人の貧困率は17・1％で、白人の2倍に上る。所得が低い人ほど長引くインフレの負担は重くなる。不満の矛先は民主政権に向かいやすい。

調査会社ＹｏｕＧｏｖ（ユーガブ）が7月27～30日に実施した調査によると、ハリス氏に好感を持つ黒人は69％で、バイデン氏の58％を上回った。警戒するトランプ氏は「（ハリス氏は）ずっとインド人だったのに、突然、黒人になった」とけん制した。

最初で最後の直接対決
ハリス氏が見せた力量と危うさ

●息を吹き返した民主党

米大統領選挙の空気は一変した。バイデン大統領からハリス副大統領への民主党大統領候補の「禅譲劇」を支持者は「喜び」で迎えた。

「常に米国の人々のために戦う。強い中間層を築くことが私の大統領としての決定的な目標だ」――。ハリス氏は8月22日、民主党大統領候補の指名受諾演説で約束した。

ひと月前まで81歳のバイデン氏の衰えに絶望していた民主支持層が黒人・アジア系・59歳女性という新たな「推し」を手にし、息を吹き返したのは確かだ。ジョージア州議会のイマニ・バーンズ下院議員は「投票したい若者からの問い合わせが急増している」と話した。

共和党のトランプ氏を倒すという目標へ支持層が再結集した。民主寄りの米メディアも祝祭ムードを盛り上げ、人や資金がハリス陣営にどっと流れ込んだ。

だが、理想を語る演説は、大統領としての能力や手腕を裏書きするものではない。「トランプ復権は極めて深刻な結果を招く」と語るハリス氏にうなずいたとしても、その言葉そのものは政策ではない。「彼女ならできる」（オバマ元大統領）という期待をハリス氏自身が証明できるか。選挙戦はハリス氏の本質を吟味するフェーズへと入っていった。

●「何者か」を示したハリス氏

「カマラ・ハリスとは何者か」。ハリス氏とトランプ氏の最初で最後の直接対決となった9月10日の米大統領選挙討論会で問われたのは、民主党候補のハリス氏の人物そのものだった。共和党候補のトランプ氏を攻め立てたハリス氏は、答えを示す好機をつかんだ。同時に、11月の勝利へ足りない部分も露呈した。

「オハイオ州スプリングフィールドでは（移民が）犬を食べている。猫を食べている。我々の国で起きている残念なことだ」。トランプ氏が脈絡なく虚言をまくし立てたのは、ハリス氏が「退屈した聴衆がトランプ集会から早々に立ち去る」と指摘した後だった。

トランプ氏は「強い」「大きい」といった目に見える力の誇示を子供のように好む。政治集会の聴衆規模へのこだわりはいわば妄執となり、否定されるとムキになって我を失う。ハリス氏はトランプ氏の弱点を巧みに突いた。

共和党大統領候補ドナルド・トランプ氏と民主党大統領候補カマラ・ハリス氏の大統領討論会（2024年9月10日、ペンシルベニア州フィラデルフィア）＝Gripas Yuri／ABACA／共同通信イメージズ

ハリス氏は有権者の反感を買いかねない相手を見下す態度にならないよう気をつけつつ、トランプ氏を挑発し、動揺を誘った。トランプ氏も守りを固めたが、討論を通じてハリス氏が「トランプ氏と勝負できる候補」としての力量をうまく示した。

●はぐらかしたハリス氏

ただ、11月に勝利するために必要なのは討論で相手をやり込めて既存の支持者を喜ばすことではない。より重要なのは、無党派など投票先をまだ決めていない有権者に何を訴え、どう支持につなげるかだ。討論の優劣がそのまま投票行動の変化につながるわけではなく、有権者が結果を吟味し、そしゃくするには一定の時間がかかる。

ハリス氏は司会者に「米国人の生活は4年前より良くなったと思うか」と問われ、まともに答えなかった。資源開発などを巡る政策上の立場を転じた経緯についても「価値観は変わっていない」というだけで、説得力のある説明ではなかった。

討論会直後の日本経済新聞（電子版）では「ハリス氏が勝利を確実にしたいなら、敵と対比するだけでなく、自らの政策理念を正攻法で語る言葉がもっと必要だ」と指摘していた。

4-2 イーロン・マスク参戦、変わり始めた風

マスク氏、トランプ氏と共闘　Xで後方支援

●「トランプを支持すべきだ」

米共和党のトランプ氏も巻き返しに動き始めていた。2024年8月12日には、米起業家の

イーロン・マスク氏とX上で対談。11月の米大統領選に向けて共闘する姿勢を示した。「ドナルド・トランプを大統領選で支持すべきだ。非常に重要な分岐点に立っている。逆の道を選べば大変なことになる」。マスク氏が対談でこう訴えかけると、トランプ氏は「支持してもらえて光栄だ」と応じた。

マスク氏は20年の大統領選では民主党を支持した。今回の大統領選ではしばらくの間、支持政党を明確に示すのを避けてきた。24年7月の銃撃事件でトランプ氏が優勢になるとみると、即座に同氏への明確な支持を打ち出した。

マスク氏は民主党の大統領候補に指名されたハリス副大統領について「極端な左派であるにもかかわらず、歴史を書き換えようとしている」などと厳しい言葉で批判した。マスク氏はこれまでも「民主党は大きく左傾化した」と共和党支持に乗り換えた理由を説明してきた。

トランプ氏は21年に起きた米連邦議会議事堂への襲撃事件を受け、SNS各社からアカウントを凍結されていた。マスク氏は旧ツイッター買収後にトランプ氏のアカウントを復活

Xで行われたドナルド・トランプ氏とイーロン・マスク氏の対談＝Andre M. Chang／ZUMA Press Wire／共同通信イメージズ

した。トランプ氏はXでの投稿を再開し、発信力を取り戻した。
両者の対談もトランプ氏のXのアカウント上で実施した。100万人以上が視聴したとみられる。マスク氏が全面的に支持したことで、Xがトランプ氏にとって有利な言論空間になりつつあることを印象づけた。

●「トランプ氏が負けたら終わり」

その後もマスク氏はトランプ氏への支援に力を入れていく。トランプ氏と組んで規制緩和を進め、自らも政権入りする野心がにじみ出ていた。

「これは米国と西洋文明の運命を決める選挙だ」。マスク氏は10月17日、激戦州の一つ東部ペンシルベニアで語った。有権者登録を急ぐよう聴衆に呼びかけると、締め切りの21日まで同州に張り付いて連日、住民の質問に答える対話集会を開いた。

企業経営者が自ら遊説して回るだけでも異例だ。さらに、設立したスーパーPAC（政治活動委員会）を通じ、言論の自由と銃所持の権利への支持を表明した激戦州の有権者を毎日無作為に一人選び、100万ドル（約1億5000万円）を配ると発表した。

票の買収とも映り、米司法省はさっそく連邦法に違反している可能性があると警告した。マスク氏としてみれば、そうした騒ぎになることは承知のうえで話題づくりを優先したとも受け取れる。マスク氏はこのスーパーPACに7～9月の3カ月で7500万ドルを献金した。22年に買収したX（旧ツイッター）でも2億人のフォロワーに向け、トランプ氏支持と民主党批判の投稿を絶え間なく続けた。

自身の資金力、知名度をフル活用し、トランプ氏の勝利に賭けた。「彼（トランプ氏）が負けたら私は終わりだ」と話すほどだった。

●マスク氏、かつては民主候補を支持

電気自動車（EV）大手のテスラを最高経営責任者（CEO）として率いるマスク氏はEVに有利な環境政策を掲げる民主党に献金もしてきた。20年までオバマ、クリントン、バイデンと3回続けて民主党の大統領候補を支持したと明かしている。

転換の背景には、新型コロナウイルス禍での民主党主導の外出制限や事業への規制に不満を強めたことがあった。自身の子の一人が出生時の性別と異なる性自認を持つトランスジェンダーで、マスク氏との関係が悪化したことが、性的少数者の権利を擁護するリベラル派への嫌悪につながったとの見方もある。

●「米国は縛り付けられた巨人」

マスク氏自身は、トランプ氏を支援する大きな理由は規制緩和だと説明する。「米国は無数の小さな糸で縛り付けられた巨人だ。トランプ氏なら束縛を断ち切ることができる」と集会で強調した。

航空当局が海洋生物への影響に懸念を示し、スペースXのロケット打ち上げが遅れた例を挙げ、規制が増えれば「人類の火星到達は不可能になる」と主張した。マスク氏は企業活動や新技術の開発を後押しする「賢明な規制」が必要だと訴えた。

政権入りまで自ら提案した。トランプ氏はマスク氏を「政府効率化委員会」のトップに据えると表明した。実際に大統領選後、トランプ氏は「政府効率化省（DOGE）」のトップにマスク氏を起用すると発表した。マスク氏は政府支出を削減する過程で、当局の権限を減らし、規制緩和を進めるとの見方がある。

ルールづくりへの関与を通じ、自らに利益誘導を図るのではないかという懸念は当時からあった。恩恵を受ける筆頭がスペースXだ。政府との取引が多く、ロケット打ち上げ頻度の増加や、衛星通信「スターリンク」の受注につなげられる。

本来、マスク氏と同氏が率いる企業は当局の監督を受ける立場だ。テスラは自社EVの運転支援機能の事故などで政府の調査を受ける。自動運転の展開にも州や連邦当局の承認が必要だ。

そのマスク氏が当局の予算に影響力を持てば、同氏や各社への監視が緩みかねない。

●「能力主義」に引き寄せられる白人男性

マスク氏は自らの信条を「メリトクラシー（meritocracy）」という言葉で表現する。能力主義などと訳されることが多い。個人の能力や努力に報いる社会という意味にもなるが、エリートによる支配の肯定にもつながりかねない。

マスク氏はペンシルベニアの遊説でも「才能と勤勉さのみで人々の成功が決まるべきだ」と力説した。政府部門にもこの発想を持ち込み、結果が出ない職員は解雇するという。不法移民がバイデン政権下で厚遇されているとの批判や、ＤＥＩ（多様性、公平性、包摂性）に基づく人材登用への反感もこの文脈に通じる。

マスク氏の考えには、リベラル派に権利を奪われたと感じる白人男性らが共鳴している。マスク氏はトランプ氏の敗北が米国の民主主義を脅かすと聴衆をあおる。10月時点で資産35兆円強と世界首位の富豪であるマスク氏と不法移民や少数派擁護に不満を抱く人々の奇妙にもみえる結びつきが、選挙戦を揺さぶろうとしていた。

ファクトチェックは検閲か　保守派が圧力

今回の米大統領選では、偽情報へのファクトチェックを封じるような動きが強まったことも見逃せない。主導してきた研究機関が訴訟などを通じて圧力を受けた。ＳＮＳ大手も投稿内容の制限に消極的になった。生成ＡＩ（人工知能）で偽情報をつくるハードルが下がる一方、対策は前回の大統領選よりも難しくなった。

●主力研究者が相次ぎ離脱

「残念ながらスタンフォード大は今年、迅速な選挙調査から手を引いた」。２０２４年8月、米ラスベガスのイベントに登壇した元スタンフォード大研究者のレネー・ディレスタ氏はこう悔しさをにじませた。

ディレスタ氏は数カ月前まで、ネット上の偽情報を研究するスタンフォード大インターネット観測所（ＳＩＯ）でリサーチ・マネジャーを務めていた。ＳＩＯはメタ出身の創設者、アレックス・ステイモス氏が23年にディレクターを退くなど主力研究者の相次ぐ離脱が明らかになっていた。

ＳＩＯは前回の米大統領選を控えた20年7月、研究連合「選挙インテグリティー・パートナーシップ（ＥＩＰ）」を設立した。米ワシントン大や米調査会社グラフィカなど4機関が連携し、偽情報や投票への介入などネット上で民主主義を脅かす動きを検知して報告する役割を担ってきた。

ＥＩＰは20年の大統領選では拡散する前に偽情報を発見し、政府機関やＳＮＳ運営会社とも情報共有してきた。大統領選後の21年には３００ページ近くにわたる報告書を公表した。22年の米中間選挙の前後も頻繁に調査結果を報告していた。

だがＥＩＰは24年やその後の選挙では活動しない方針を示した。ＳＩＯ自体も主力研究員の離脱で研究体制は弱体化し、一時は閉鎖に関する観測報道も出た。「ＳＩＯが存続するならＳＮＳの子どもへの悪影響といったテーマに特化した研究所になるだろう」（関係者）といった見方がある。

「貴重な時間を失った」

背景にあるのが、政治圧力だ。保守強硬派として知られる米共和党のジム・ジョーダン下院議員が委員長を務める米下院司法委員会は23年6月、ＳＩＯ創設者のステイモス氏を呼び出して聴取した。下院は22年の米中間選挙で共和党が多数派を奪還し、偽情報研究への風当たりを強めていた。

訴訟対応にも追われた。トランプ前政権で上級顧問を務めたスティーブン・ミラー氏が率いるアメリカ・ファースト・リーガルは23年5月、「中国共産党にも匹敵する監視、検閲、統制の体制を築いた」と主張し、関与した研究者らに対して集団訴訟を起こした。

ディレスタ氏は訴訟や議会証言への対応で「重要な問題に取り組む貴重な時間を失ったのが腹立たしい」とこぼした。訴訟対応に費用と労力がかかったほか、研究に協力した学生を含めた関係者に対する嫌がらせもあったという。

保守派が批判するのは、ＥＩＰの研究者らが偽情報だと判断した投稿についてＳＮＳ各社などに共有したことだ。ジョーダン氏は「ＳＮＳ大手は研究者が共有した内容に基づいてコンテンツを管理してきた」と訴え、「検閲」に当たると主張してきた。

● 批判の根拠は「言論の自由」

この問題が複雑なのは、保守派が批判の根拠として言論の自由を保障する米憲法修正第１条を持ち出している点だ。偽情報で世論を誘導しようとする動きを防ぐのは重要だが、投稿の管

■図表4-2　偽情報の対策は難しくなった（米大統領選を取り巻く環境の比較）

2020年		24年
スタンフォード大など産学連携の連合が監視	研究者の環境	監視連合は活動停止、訴訟や政治圧力が重荷
•旧ツイッターやフェイスブックは投稿内容を一部管理 •米連邦議会議事堂の襲撃で各社はトランプ氏のアカウント凍結	SNS運営会社の姿勢	•Xのマスク氏は「言論の自由」重視でトランプ氏支持 •メタはバイデン政権を「検閲」と批判
AIを使った「ディープフェイク」台頭も、精度など技術は発展途上	偽情報をつくる技術	生成AIが登場、簡単な文字入力で高精細な画像作成が可能に

理が行き過ぎると一部の側に有利に働くことにもつながりかねない。その線引きは難しい。

SNS大手の姿勢は保守派側に寄りつつある。米メタのマーク・ザッカーバーグ最高経営責任者（CEO）は24年8月、ジョーダン氏に宛てた書簡で「バイデン政権からユーモアや風刺を含む新型コロナウイルスに関する情報を検閲するように繰り返し圧力を受けた」と批判した。

ザッカーバーグ氏は書簡で、バイデン政権側からの要請について「間違っている」と批判した。今後同じような要求を受けた場合、従わない方針も示した。保守派はメタが「検閲を認めた」として歓迎した。

米X（旧ツイッター）も投稿内容の管理には消極的だ。同社を買収した米起業家のイーロン・マスク氏はかねて「言論の自由」を重視すると訴えてきた。マスク氏は米大統領選で共和党候補のトランプ氏への全面支持を表明し、X上では民主党候補のハリス氏の偽動画を自ら再投稿して拡散させた。

Xは24年8月、指示文を打ち込むとＡＩが画像を生成する機能を一部の有料会員向けに導入した。多くのＡＩ企業は特定の個人の顔を含む画像を制限するなど自主規制を設けるが、Xは実在する政治家も生成できるなど悪用対策が緩い。

● SNS各社、トランプ氏への姿勢一変

ＳＮＳ各社は21年1月の米連邦議会議事堂襲撃事件でトランプ氏のアカウントを凍結したが、その後に復活を認めた。メタは23年に凍結を解除したが、利用規約に違反する投稿をすれば再び停止する監視対象に加えていた。

メタは24年7月の共和党大会の直前、ＳＮＳのフェイスブックと画像共有アプリのインスタグラムでトランプ氏のアカウントをこの監視対象から外すと発表した。大統領選が近づくなか、トランプ氏に対するＳＮＳ大手の姿勢は前回の大統領選後とは一変していた。

米新興企業オープンＡＩが22年に対話型ＡＩ「Ｃｈａｔ（チャット）ＧＰＴ」を公開し、それから画像や動画など生成ＡＩは急速に進化した。偽情報の「監視役」が弱体化した中で迎える米大統領選は、民主主義とＡＩの関係を問う選挙ともなった。

デートアプリと米大統領選
NY独身記者の体験ルポ

米国の政治的分断は人々の日常生活にまで浸透する。デート事情もその一つだ。米国人の7割がデートアプリを通じて交際相手と出会うという状況の中で、アプリ利用者の政治的志向は交際の行方を大きく左右する。米国で独身生活が長い記者が、取材と実益を兼ねて選挙戦真っ最中の米国の政治とデートの関係を探ってみた。

政治的信条が交際相手選びにどれほど重要なのか。記者はデートアプリ、バンブル（Bumble）を使って交際相手探しを試みた。

バンブルは好みの相手とマッチングされても女性から相手にメッセージを送らない限り、双方向の会話が始まらないシステムになっている。女性がデート相手探しの主導権を握れるという特徴は画期的なものとされ、登場した2014年には女性から大きな支持を得た。

● 真っ赤なピックアップトラックで登場

マッチングされたのは、ニュージャージー州の郊外に住む土木技師のトム（仮名）だ。政治志向はコンサバティブ。宗教はキリスト教で白人の48歳。マンハッタンで初デートをすることになった。

仕事の後に車を運転して来るというので、ミッドタウンの記者のオフィスの近くの駐車場で待ち合わせをすると、マンハッタンではめったに目にすることのない真っ赤なピックアップトラックで、赤い野球帽をかぶり登場した。

イタリアン・レストランでトムが繰り広げたのは、いかにトランプ氏が素晴らしいかということだった。「プレジデント・トランプ」と大きな声で熱弁をふるった。中絶反対にはとくに語気を強めた。

住民の多くがリベラルな政治思想に染まっているマンハッタンで、トランプ氏を呼び捨てではなく「プレジデント」をつけて大声で呼ぶのはご法度に近い。隣に座った若い女性客は私に哀れむような視線を向けてきた。

敬虔（けいけん）なクリスチャンで日曜日には欠かさず教会に行くというトムに、「教会では神といい対話ができるのね」と冗談のつもりで尋ねたら、真面目な顔で「イエース」とうなずかれた。デー

■図表　デートアプリの需要は急拡大

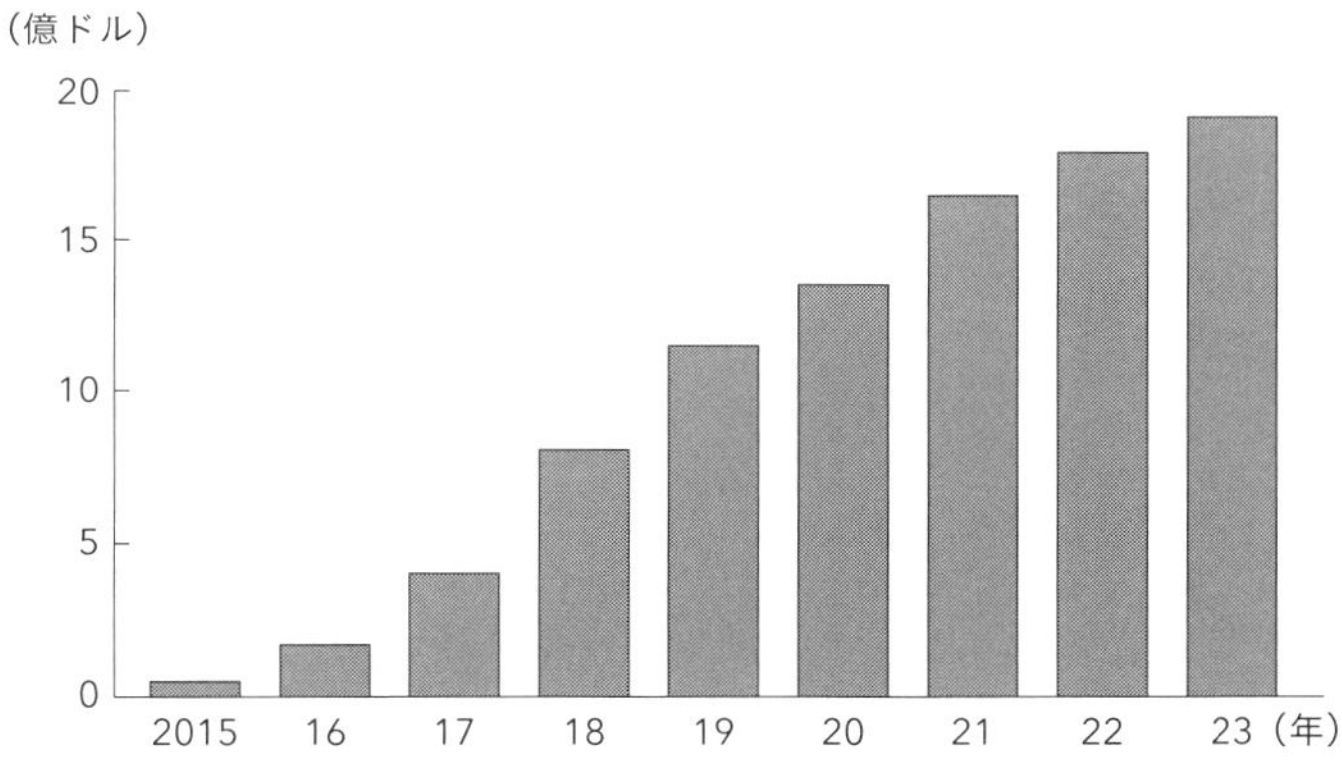

(注) 世界の市場が対象
出所:マッチ・グループ

トはそれが最後となった。

一目散に立ち去った男性

もう一人のデートの相手とはマンハッタンの高級住宅街といわれるアッパーイーストサイドのコーヒーショップで待ち合わせた。離婚歴のあるユダヤ人の弁護士で50歳のロバート(仮名)。小学生の娘の父親。弁護士事務所で働く傍ら大学で法学の教鞭(きょうべん)をとる知性派だった。

しかし、イスラエルとガザ情勢の話題に触れたことから和やかな会話は一転微妙な雰囲気に突入した。ガザの子供たちが犠牲になるイスラエルの爆撃はけしからんと記者が言ったとたん、腕時計をみたロバートは「娘をバスケットボール教室に迎えに行くのを忘れていた」と言って、握手もしないで一目散にコーヒショップを出て行った。

●超党派の交際は至難の業

デートアプリが広がる米国だが、党派を超えた交際は簡単ではない。

皆さんの中で超党派でお付き合いをしているカップルはいますか——。ある夕方、ワシントンDCのレストランで開催された討論会で司会者が聴衆に尋ねた。100人ほどの参加者で手をあげたのは5人ほどだ。米メディア、アクシオスが開催したこのイベント、テーマは「オンラインデートの政治学」。

講演者の一人、デートアプリ最大手ティンダー(Tinder)の最高マーケティング責任者、メリサ・ホブリー氏は、デートの世界では異なる政党の支持者同士が交際する例は極めて少ないと指摘した。デートをするときに相手の政治的志向は、身長や学歴、職業などと同じくらい重要な条件になっている。とくに大統領選がある年はその状況が鮮明になるという。

ティンダーは日本を含む世界約190カ国でデートアプリのビジネスを展開し、23年の年間売上高は19億ドルに上る。24年6月時点でアプリのダウンロード件数は約6000万件と業界最大だ。

●プロフィルに「政治的志向」

12年に登場したこのアプリ、スマホ上で気に入った相手は右にスワイプ、興味のない人は左にスワイプして、マッチされた人とデートできるというマッチングシステムを取り入れて、デートビジネスに革命をもたらしたといわれる。今では競合他社の多くが同様のシステムを取り入れている。

ティンダーがこのアプリの利用者３００人に24年5月末から6月初めにかけて実施した聞き取り調査では、自分自身のアイデンティティーにおいて政治的志向が重要と答えた人が80％に上った。

デートアプリ上で利用者のプロフィルに政治的志向（political view）を加えたのは、ヒンジ（Ｈｉｎｇｅ）が最初といわれる。現在ではほとんどのデートアプリで同様のカテゴリーがある。

表現の仕方はアプリによって異なるが、コンサバティブ（保守）、リベラル、モデレート（穏健）、ノンポリといった分類で利用者の政治的立場を示

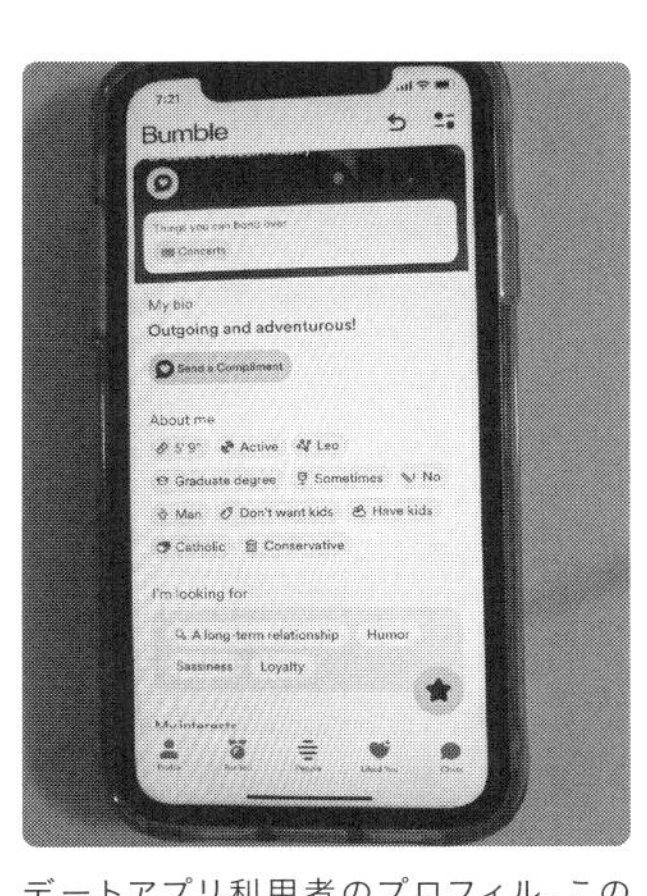

デートアプリ利用者のプロフィル。この人の政治的志向はコンサバティブ（バンブルのアプリから）

す。コンサバティブという人は大抵の場合、トランプ氏の支持者、あるいはＭＡＧＡ派だ。トランプ氏の掛け声である「米国を再び偉大にする（Make America Great Again）」の頭文字をとったＭＡＧＡである。一方のリベラルは多様性や性的少数者のＬＧＢＴＱの権利擁護などを標榜する人が多く、民主党左派と共通する。

●ＮＹデートに暗黙の決まり事

記者がたまたま出会ったコンサバティブとリベラルの2人とのデート。実は妥協のできない政治信条によって失敗に終わるデートの典型例であることが後で分かった。

ニューヨーク・タイムズのコラムニストが読者からの聞き取り調査で明らかになったのは、コンサバとリベラルの違いはあってもそれを補う魅力が相手にあるのなら、妥協する米国人が多いということだ。ただし「リベラル派は相手がトランプ支持者でない限り妥協できる」「コンサバ派は相手がリベラルでも反イスラエルでなければ受け入れる」という人が多かったという。

つまり、米国で、とくにニューヨークでデートをする際になるべく触れてはいけない政治的話題はトランプ氏支持かどうかと反イスラエルかどうかということだ。記者はこの暗黙の決まり事を守らなかったために、いまだにシングルの身だ。

政治的志向は関係を長く維持する上で非常に重要な要素であることはコンサルタント会社、

インナーボディーの調査で明らかになっている。米国人約900人へのデート事情の聞き取り調査では、民主党支持者の87％が民主党支持者と交際し、共和党支持者の84％が共和党支持者と交際していることが分かった。

共和党支持者でないカップルで、相手が今回の大統領選でトランプ氏に投票したら別れると答えたのは10人のうち4・5人に上った。

米国の政治的分断は男女の付き合いにも深く浸透している。米国がどうやって分断を乗り越えていくかが難しい課題であることは、こうしたデート事情からも明らかだ。

記者座談会②
ハリス氏奇襲、たじろいだトランプ氏

記者
飛田臨太郎
Rintaro Tobita

ワシントン支局長
大越匡洋
Masahiro Okoshi

記者
坂口幸裕
Yukihiro Sakaguchi

記者
芦塚智子
Tomoko Ashizuka

ハリス氏が挑発し、トランプ氏が防戦に回る――。11月の米大統領選に向けた9月10日のテレビ討論会では、民主党のハリス副大統領がまずまずの「デビュー」を飾ったとの評価が多かった。もっとも、政策面では共和党のトランプ氏が優位との指摘もあった。

●冒頭の握手で「してやったり」

デスク　今回の討論会、勝ったのはどちらか。

大越匡洋ワシントン支局長　討論そのものはハリス氏の優勢勝ちだった。ハリス氏は、トランプ氏に対抗できる候補者として自身の力量を示す機会を巧みにつかんだ。

移民問題という自分の弱点に関して司会者から質問をぶつけられると、論点をずらし、トランプ氏の集会の聴衆が退屈して早々に帰ってしまう話を持ち出した。聴衆の規模という人気の尺度に子供のようにこだわるトランプ氏がムキになって反論し、「オハイオ州スプリングフィールドでは移民が犬を食べている」といった虚言をまき散らす動揺を誘った。

飛田臨太郎記者　僅差でハリス氏が勝利したかなという印象だった。冒頭、トランプ氏に歩み寄り握手を求めた。直後に、にやりと「してやったり」の表情をした時点で勝負あったのかもしれない。その後は緊張している様子を見せながらも、表情豊かに語っていた。
一方、トランプ氏はこれまでの大統領選討論会や通常の演説に比べると、平静さがあったように感じた。悪かったという印象は持たなかった。どちらも、陣営のシナリオを忠実にこなしたのだろうと感じた。

坂口幸裕記者　討論会の勝敗はハリス氏が優勢に進めた印象だった。元検事のハリス氏は挑発しながら攻めの姿勢に終始した。不法移民を巡り「米国を破壊する最高レベルの犯罪者」と言うトランプ氏に対し「性犯罪の重罪犯が犯罪の話をするとは滑稽だ」と皮肉った。「犯罪者」と「検事」という構図をつくり上げようとしていた。
トランプ氏はインフレや不法移民の対策などを現政権の急所とみて批判しつつ、過激な言動を抑えた。政敵を中傷するトランプ氏の政治手法を好む岩盤支持層を固めるだけでは選挙戦に勝てない。浮動票に照準を合わせる選挙戦術が浮かんだ。

芦塚智子記者　討論会は論戦の中身だけでなく有権者に与える印象が重要になる。特に討論会全体を見ずに、翌日の報道やハイライト動画、ミーム（ネット上の流行）などで情報を得る有権者が多いことを考えると、自分に有利な見どころをつくったハリス氏の勝ちだと思う。

ネット上には「オハイオで食卓にのせられた猫」や、ハリス氏が顎に手を当てて笑みを浮かべながらトランプ氏を見る様子を「母親と子供」になぞらえたミームなどが氾濫している。強い指導者像を売り込みたいトランプ氏には不利な現象ではないか。

討論会終了後に両陣営が記者の取材に応じる「スピン・ルーム」にハリス陣営の関係者が続々と現れたのは、数人が短時間の取材にしか応じなかった6月の討論会の時と対照的だった。

● ハリス氏の挑発、高慢な印象も

デスク　ハリス氏のデビュー戦は上々だったということか。

飛田記者　討論会前の世論調査ではハリス氏を「もっと知らなければならない」と感じている人が3割もいた。今回の討論会はいわばハリス氏のお披露目の場という側面もあった。対トランプ氏という面では「世界の指導者から笑いものになっている」など効果的に相手を感情的に

ABCニュース大統領討論会のステージに立つカマラ・ハリス副大統領（2024年9月10日、米ペンシルベニア州フィラデルフィア）＝©ABC／ZUMA Press Wire／共同通信イメージズ

させる発言を繰り出し、成功した。初めてハリス氏をじっくり見た人に「やれるな」という印象を与えることはできたのではないか。

一方、「では何がしたいのか」というメッセージはやや抽象的だった。米CNNテレビの討論会後の視聴者への調査でも、経済政策の評価はトランプ氏が圧倒的に高かった。投票先をどちらにするか迷っている人の多くが、「よし、ハリス氏」となるほど出来が良かったとは思わない。

芦塚記者　ハリス氏は「Weak（弱い）」「World leaders are laughing（世界の指導者の笑いものだ）」、トランプ氏自身がよく使う「Disgrace（恥）」など、トランプ氏の最もかんに障る言葉を使って挑発しており、陣営がよく研究して戦略を練ったのだなと思った。事前に民主党のストラテジストたちはトランプ氏を怒らせるようハリス氏に勧めていた。トランプ氏について「混乱している」と暗に高齢不安をあおるような発言もあった。

ただ、質問に答えず話をそらす場面も目立ち、政策に関心が高い有権者は不満を持ったかもしれない。またトランプ氏の発言に対するあきれたような笑いや、芝居がかったようにも見えるしぐさには「高慢」と感じた人もいるのではないか。

大越支局長　準備を入念にしてきた様子がうかがえた。台本のない状況で主張すべきことを漏らさず訴えるという「攻め」だけでなく、相手が話している間の「守り」も計算されていた。少し芝居がかった臭さはあったが、余裕の笑みを浮かべて相手を見つめ、その主張をしっかり聞く姿勢を見せた。意見の異なる相手に対する態度は、支持者ではない人々と向き合う際の候補者の姿勢を有権者に思い起こさせるので重要だ。

ただ、討論での優勢が選挙結果にそのまま反映されるわけではない。政策に関する立場を変えたことや経済政策についての説明は物足りず、投票先を決めかねている無党派層がどう受け止めたかを見極めるにはしばらく時間がかかる。

坂口記者　ハリス氏は時間をかけて準備した形跡がうかがえた。共和がハリス氏の弱点とみる不法移民対策に話題が移ると、トランプ氏が食いつきそうな発言を織り込んで論点をずらした。「トランプ集会では参加者が疲れと退屈さから早々に切り上げる」と言及した。

すると、トランプ氏は移民問題に触れる前に「まず集会について答える」と話し始めた。「人々は私の集会から離れない。政治史上最大の集会、信じられないような集会を開いている」などと猛反発し、本題から離れて持ち時間を消化した。ワナにはまったように映った。

●トランプ氏は「慎重運転」

デスク　トランプ氏はどうだったか。

芦塚記者　討論会後の「スピン・ルーム」にトランプ氏自身が現れ、数十分にわたって記者団の取材に応じたのは、「大勝利」との言葉とは裏腹に不出来を自覚していたからではないだろうか。トランプ氏はヒラリー・クリントン元国務長官と対決した２０１６年の討論会でもスピン・ルームに登場したが、当時もクリントン氏に軍配を上げるメディアが多かった。

トランプ陣営は、司会者がトランプ氏の発言は訂正したのにハリス氏の発言には何も言わなかったことなどを挙げ、「3対1」の不公平な戦いだったと批判している。共和党のルビオ上院議員が司会の質問の仕方について「トランプ氏への質問は『あなたはなぜひどいことをしたのか』、ハリス氏への質問は『トランプのひどい発言をどう思うか』だった」と批判していたが、

フィラデルフィアのペンシルバニア・コンベンション・センターで行われた大統領選討論会のスピンルームで発言するドナルド・トランプ氏（2024年9月10日）＝©Ricky Fitchett／ZUMA Press Wire／共同通信イメージズ

記者も一部の質問に同様の印象を受けた。

ただ、トランプ氏自身がハリス氏の挑発に乗ってしまったのが一番の失敗だったのは間違いないと感じる。

坂口記者　トランプ氏は討論会で侮蔑的な表現の使用を避けた。発言中のハリス氏に目を向けず、硬い表情で司会者を見つめる時間が長く、感情をコントロールしようとしていたのではないか。

ハリス氏にあおられた場面ではこらえ切れなかった。トランプ氏が4億ドルを親から譲り受け、過去に「6回の破産をした」と指摘されると色をなして反論した。選挙集会の途中で聴衆が会場を去ったと指摘されたときも同じだった。自負する自らのビジネスでの成功と有権者の求心力を否定されると、地金が出た。

飛田記者　バイデン氏との討論会以上に投票先を迷っている穏健派・浮動層向けに仕込んできたなという印象を受けた。明らかな嘘を並べた回数もバイデン氏やクリントン氏との討論会よりも少なかったのではないか。

ハリス氏をみると個人攻撃をしたくなってしまうからか、ハリス氏を必死に見ないようにしていた。司会者に視線を向け続けた。中盤からは鼻のあたりにたまった汗が際立った。自分をなんとかコントロールするのに必死だったのはテレビ画面からも明らかだった。

トランプ氏も言っていることに新しさがない。演説会場で退場者が目立つように、トランプ氏の言うことが想像できてしまい有権者に「飽き」がきているのも確かだろう。投票日まで「飽き」との戦いになるのではないか。

大越支局長　トランプ氏の支持者だけが参加する集会などでの言動をずっと追ってきた立場からすると、ハリス氏の挑発に引っかかってぼろを出さないように思いのほか行儀良く振る舞っていた印象を受けた。普段のとりとめなく続く演説に慣れてしまった悪弊かもしれない。慎重運転だっただけに、トランプ氏が信奉する「強さ」を見せつけることができたとはいえないし、動揺して嘘に逃げた印象を残した。

●「オクトーバーサプライズ」はあるか

デスク　選挙戦は残り2カ月を切った。勝敗を分けるのはどこか。

坂口記者　時の政権に責任が跳ね返る直前の経済状況や国際情勢も大きな要因になり得る。討論を視聴した有権者を対象としたCNNテレビの世論調査では経済・国境政策、米軍の最高司令官としての信頼度ではトランプ氏の方が支持されていた。

トランプ氏の返り咲きを望まないリベラル系の米主要メディアや民主党支持層の間でハリス氏の登場を歓迎する向きが多いものの、ハリス氏が大統領候補になってから2カ月もたっていない。8年前から米国政治の真ん中にいるトランプ氏に比べると知名度の浸透は道半ばで、いかに有権者を引きつけられるかも重要な要素になる。

大越支局長　各州に振り分けられた538人の選挙人を争奪する米大統領選の仕組みは、人口の薄い各州に満遍なく支持者がいる共和党に有利で、東西沿岸部の大都市に支持者が集中する民主党にそもそも不利な仕組みだ。ハリス氏が本当に勝とうと思えば、トランプ氏と支持率で競っている状況では心もとなく、大きく引き離す必要がある。

投票日まで50日余りしかないなかで、無党派層の背中を押すためにどんな手を打つのか、どんな政策を訴えるのかに注目している。最後は正攻法しかないだろう。

芦塚記者　2016年の大統領選でも、討論会ではクリントン氏が勝ったとみる向きが多かったが、選挙ではトランプ氏が勝利した。当然ながら討論会が勝敗を決めるわけではない。

ハリス氏の集会の盛り上がりや、ポジティブな雰囲気には、２００８年の大統領選で取材したオバマ元大統領のキャンペーンを思い出す。米国民の中にはその後のオバマ政権に失望した人もいる。大半の有権者にとって最も重要なのは、自分たちの生活だろう。インフレや治安など身近な政策で、まだ投票先を決めていない有権者を説得できるかがカギになると思う。

飛田記者　選挙分析の専門家によると、浮動層が大統領選に関心を持つのは10月からだという。アメリカンフットボールのプレーオフを「皆が見ているから見ようか」というのと同じ行動心理で、選挙戦に浮動層が登場してくる。ハリス氏は「この人誰？」という新顔の課題、トランプ氏には「この人はもういい」という古顔としての飽きの問題がある。

浮動層は結局のところ、政策を吟味するというよりは自身の生活まわりの関心と印象論で決めるのだろう。どんなささいなことであっても、浮動層の印象に強く残る「オクトーバーサプライズ」に目をこらしたい。

デスク　サプライズといえば、討論会直後にテイラー・スウィフトさんが大統領選でハリス氏に投票すると表明した。

大越支局長　いつ表明するかとみな注目していた動きで、ここまで態度表明を引っ張っているのだから、それこそ10月に表明してハリス氏に最後の勢いをつけるのかと考えていた。ハリス陣営はスウィフトさんの動きを事前に知っていたわけではないとしていたけれど、ハリス氏の名前を入れたスウィフトさんのファンに定着している「フレンドシップ・ブレスレット」を間を置かずに陣営が発売したのをみても、大きな期待を寄せていたのは間違いない。

これまでトランプ支持者の間ではスウィフトさんがトランプ氏を支持しているかのようなフェイク画像が拡散したり、スウィフトさんの熱狂的ファン「スウィフティーズ」がトランプ氏を支持しているようにみえたりする偽の運動もあった。人工知能（ＡＩ）を使って作ったといわれるが、スウィフトさん自身がハリス氏支持を表明したことで、こうした偽情報の拡散も封じられることになる。

第5章

そして、トランプを選んだ（2024年10～11月）

5-1 ハリスを苦しめたインフレの痛み

「最後のＣＰＩ」上振れ ハリス氏、重いインフレの足かせ

９月の討論会ではハリス氏が勝ったとの評価が多かったが、支持率の差は広がらなかった。10月に入るとトランプ氏がじりじりと追い上げ、トランプ氏優勢の観測が再び広がり始める。バイデン政権下での猛烈なインフレの爪痕が、ハリス氏を苦しめていた。

ニューヨークのスーパーマーケット「ホールフーズ・マーケット」
（2023年12月28日、ニューヨーク）＝Levine Roberts／ニューズコム／共同通信イメージズ

●住居費と食品が値上がり

米労働省が10月10日に発表した9月の消費者物価指数（CPI）は、大統領選を前に高インフレのしつこさを示す内容になった。前年同月比の伸びは2・4％で前月から鈍化したものの、市場予想を上回った。大統領選まで1カ月を切るなか、バイデン政権の経済政策への不満がくすぶり続けていた。

米労働省は公表文で「前月からの伸びの75％以上を住居費と食品の値上がりが占めた」と解説した。どちらも生活に密着し、生活の負担に直結する品目だ。

家賃を中心とする住居費は前年同月比で4・9％上昇した。伸びは8月から縮んだが、3％台で安定推移していた新型コロナウ

■図表5-1　バイデン政権下で物価が急上昇

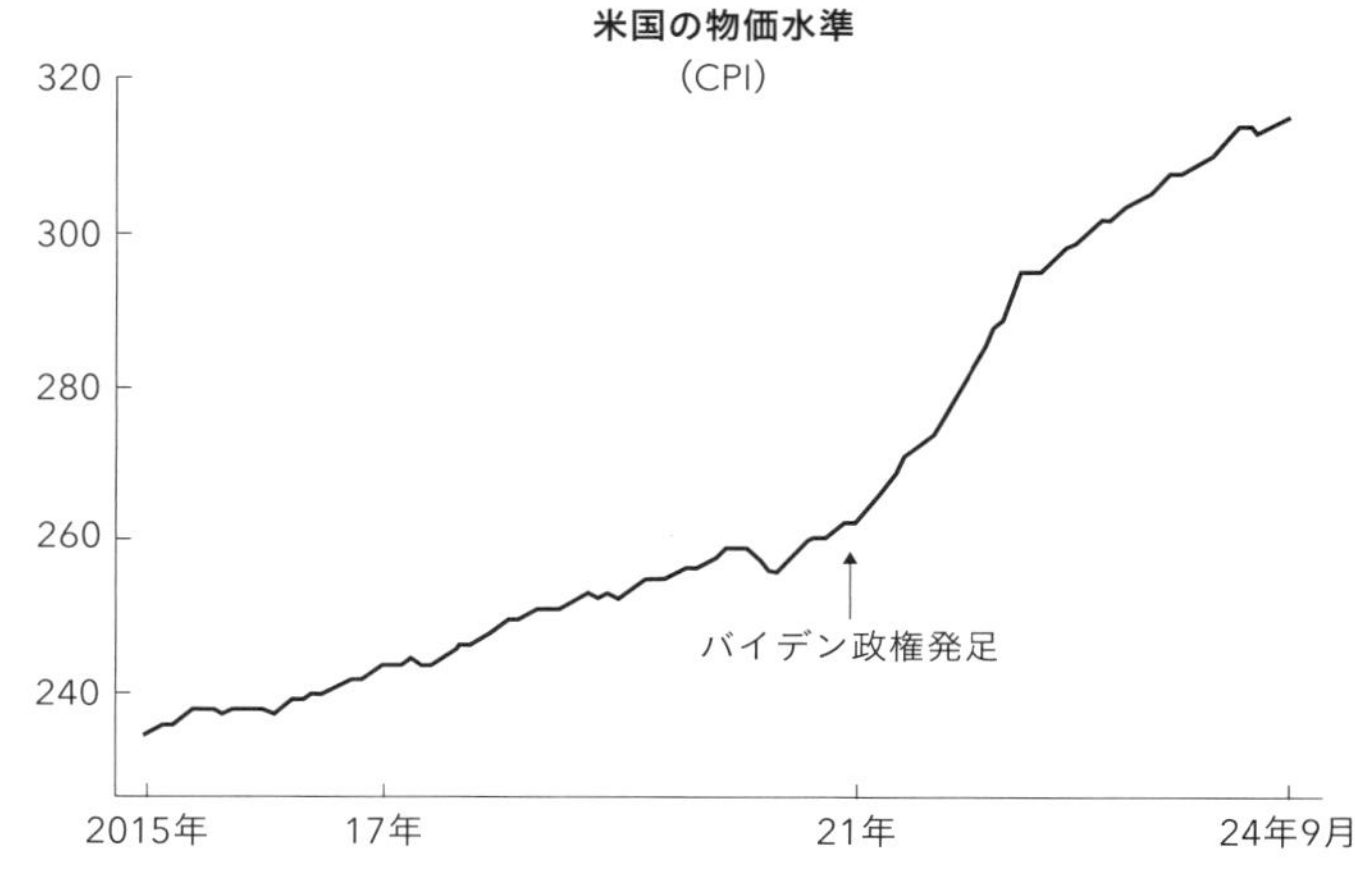

出所：FRED

イルス禍前の水準を大きく上回っていた。食品は2・3％と8カ月ぶりの高い伸びだった。鶏卵が鳥インフルエンザの影響で39・6％値上がりし、バターも7％を超える高騰となった。

金融市場は冷静だったが……

物価高がここから再燃するとまでみるエコノミストは見当たらず、金融市場は冷静に受け止めていた。「12〜18カ月間の傾向でみれば、インフレ率は低下している」。シカゴ連銀のグールズビー総裁は米CNBCテレビでこう強調した。

アトランタ連銀がCPIの中から動きの遅い品目を抽出して算出する「粘着価格指数」は9月も下落傾向を維持していた。ただ、その水準

■図表5-2　今回の有権者は「経済」重視

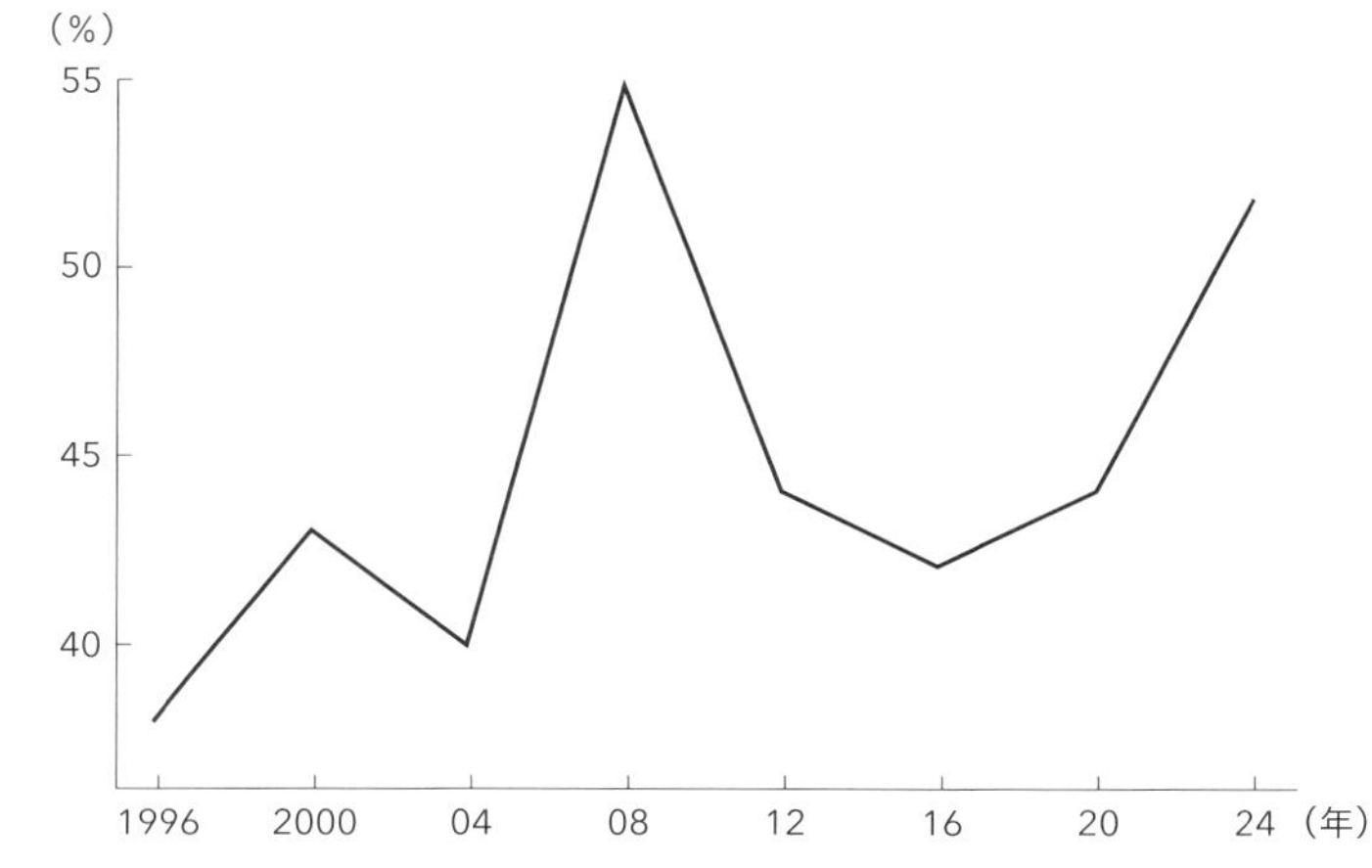

（注）投票で経済が「極めて重要」と答えた人の割合
出所：米ギャラップ

は4%とコロナ禍前の2%台を大幅に上回ったままだった。物価は鈍化基調だが、まだ強さを残していた。

● 経済政策でトランプ氏に軍配

大統領選前の「最後のCPI」は、今回が歴史的な高インフレへの不満を残すなかでの選挙であるという現実を改めて示した。

米ギャラップが10月9日に公表した世論調査では、経済が投票のうえで「極めて重要」と答えた有権者の比率が52%になった。2020年の44%から大幅に上昇し、リーマン危機があった08年以来の水準だ。移民や安全保障などを抑えて最大の関心事となっていた。

どちらの候補が経済政策をうまく運営できるかという問いには54%が共和党候補のトランプ

氏と答え、民主党候補のハリス副大統領の45％を上回った。共和党の支持者だけでなく、民主支持あるいは民主寄りと答えた回答者のなかでも11％がトランプ氏を推した。

●副大統領のハリス氏の責任追及

「インフレ率は3年以上前に急騰を始めた時以来の低水準だ」。ハリス陣営はＣＰＩを受けた声明でこう強調した。減税や高関税を柱とするトランプ氏の政策を「インフレ爆弾」だとも批判した。

だが有権者が求めているのは米連邦準備理事会（ＦＲＢ）が目指す物価上昇率の鈍化ではなく、生活負担の軽減につながる価格の引き下げだ。

バイデン政権は物価高への不満から支持率の低迷に苦しんだ。ギャラップの4月の調査では経済運営について無党派からの支持が34％と、トランプ氏より11ポイント低かった。

ハリス氏は食品の価格つり上げに罰則を設けるなど新たな公約を掲げてバイデン政権との差別化を図ったが、トランプ陣営は副大統領として現政権の一翼を担ってきた責任を追及していた。ハリス氏が引きずる「インフレの足かせ」はむしろ重みを増しつつあった。

バイデン氏、残した貧困4000万人
大統領選に格差が影

バイデン政権の経済政策は何を残したのか。先進国のなかで「1強」と呼ばれる経済成長を実現したのは確かだが、就任時に最優先とした格差是正は道半ばだ。「ローン危機」に直面する低所得層の困窮は、民主党の候補を引き継いだハリス氏の選挙戦にも影を落としていた。

●高所得層が支えた「1強」経済

バイデン政権は「ボトムアップとミドルアウト（低所得層と中間層の底上げ）」をスローガンとして発足した。富裕層への増税と低所得層への手厚い支援を約束。減税などの恩恵が高所得層や大企業からいずれ国民全体に行き渡るという「トリクルダウン理論」の否定が出発点となった。

「世界で最も強い経済成長を実現した」。3％前後の高い成長率を維持する米経済をバイデン氏はこう誇った。だが米連邦準備理事会（FRB）のエコノミストが10月に公表した論考は、バ

■図表5-3　強い消費は高所得層がけん引

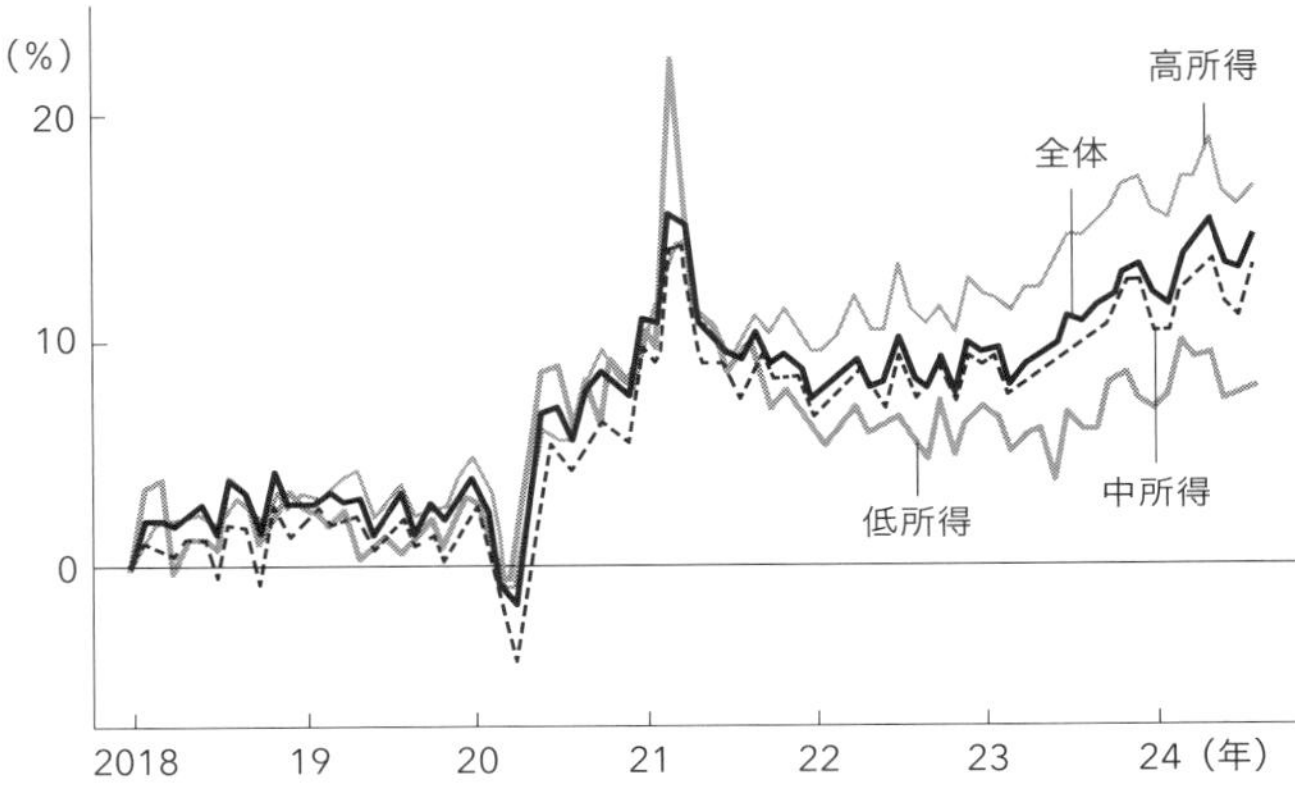

（注）2018年1月からの増減、物価動向を差し引いた実質値
出所：米連邦準備理事会（FRB）

イデン氏にとって不都合な事実を浮かび上がらせた。

富裕層への増税は法人税率の引き上げと並んでバイデン政権が実現できなかった「公約違反」だ。ところが景気後退入りが予想されていた米経済を支えてきたのは、皮肉にもその高所得層の消費だったという。

民間企業が蓄積する消費データを解析したところ、新型コロナウイルス禍後は世帯収入の違いで消費に変化があった。物価動向を差し引いたベースでみると、所得によって二極化が起きていた。

年間収入が10万ドル（約1500万円）以上の世帯は2018年1月からの消費の伸びが16・7％に達した一方、6万ドル以下の低所得層は7・9％にとどまった。米国勢調査局によると、米家計の所得の中央値は23年で8万ドル。特にバイデン政権が誕生してから23年半ばまでの2年間、低所得層の支出は減少を続けていた。

低所得層はコロナ禍で政府から受け取った現金給付を早々に使い果たした一方、高所得層は不動産価格や株価の上昇といった恩恵を強く受けた。

米S&P500種株価指数は就任時から1・5倍になった。全米住宅価格を反映するS&Pコアロジック・ケース・シラー指数は7月までに34%上昇した。マイホームを持つアメリカン・ドリームを実現できる家庭はますます絞られていた。

●減らない貧困層、迫るローン危機

米国勢調査局が9月に公表した23年の貧困率も厳しい現実を突きつけた。実態に即した貧困率を示すとされる「補足的貧困指標（SPM）」でみると、全体の12・9%にあたる4284万人が貧困状態だった。これは6年ぶりの高水準だ。

貧困率は税引き前の所得が、必要な栄養を確保できる最低食費の3倍を下回るかどうかを基準として算出する。SPMはこれに加え、政府による低所得層向けの支援策の効果を考慮する。家族構成や消費の内訳の変化も加味する。

コロナ禍を受けて21年3月に成立した米国救済法（レスキュープラン）では児童税額控除の支

■図表5-4　貧困率の低下傾向は足踏み

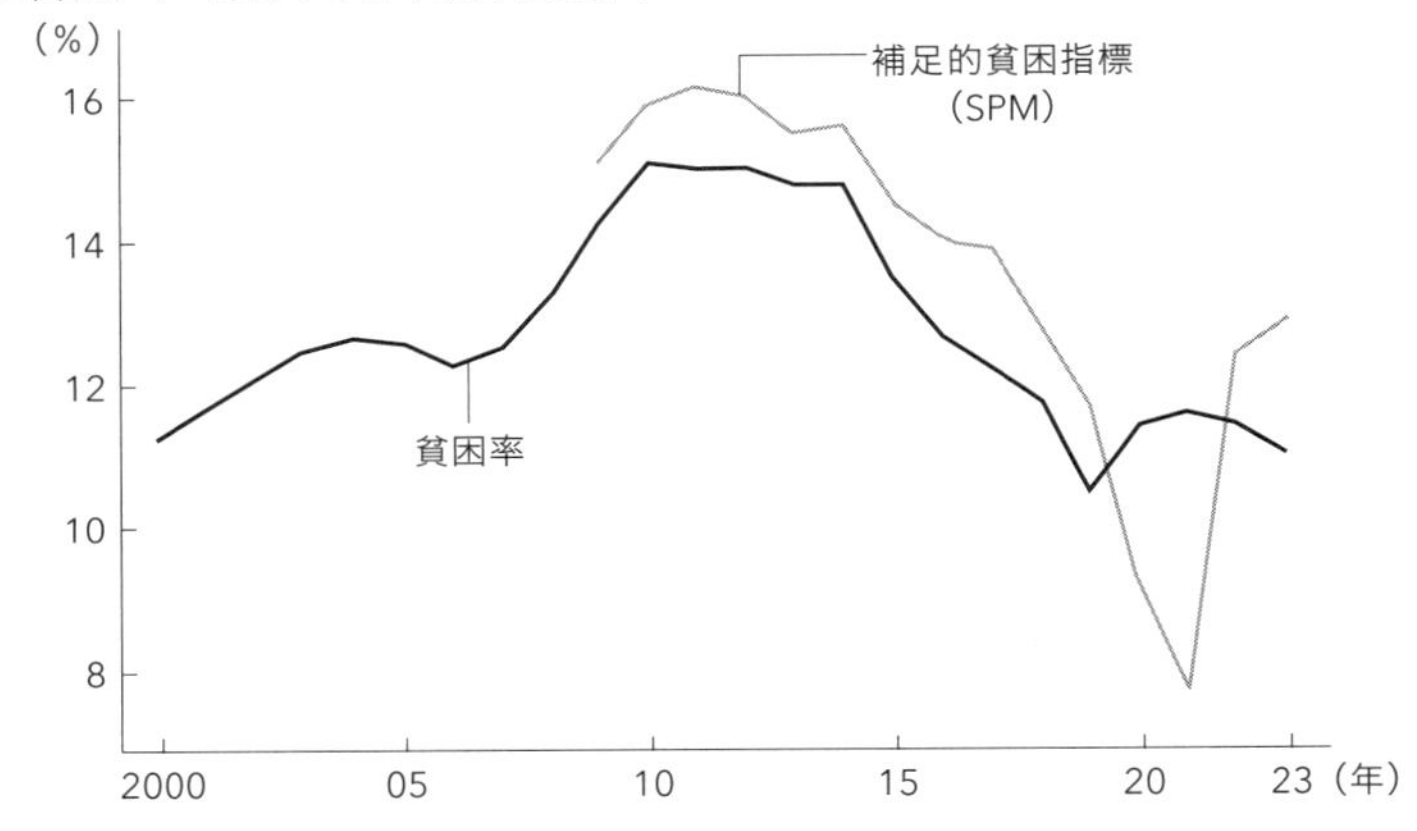

(注) SPMは低所得世帯向けの支援策などを考慮した貧困率
出所:米国勢調査局

■図表5-5　家計のローン滞納予想が急増

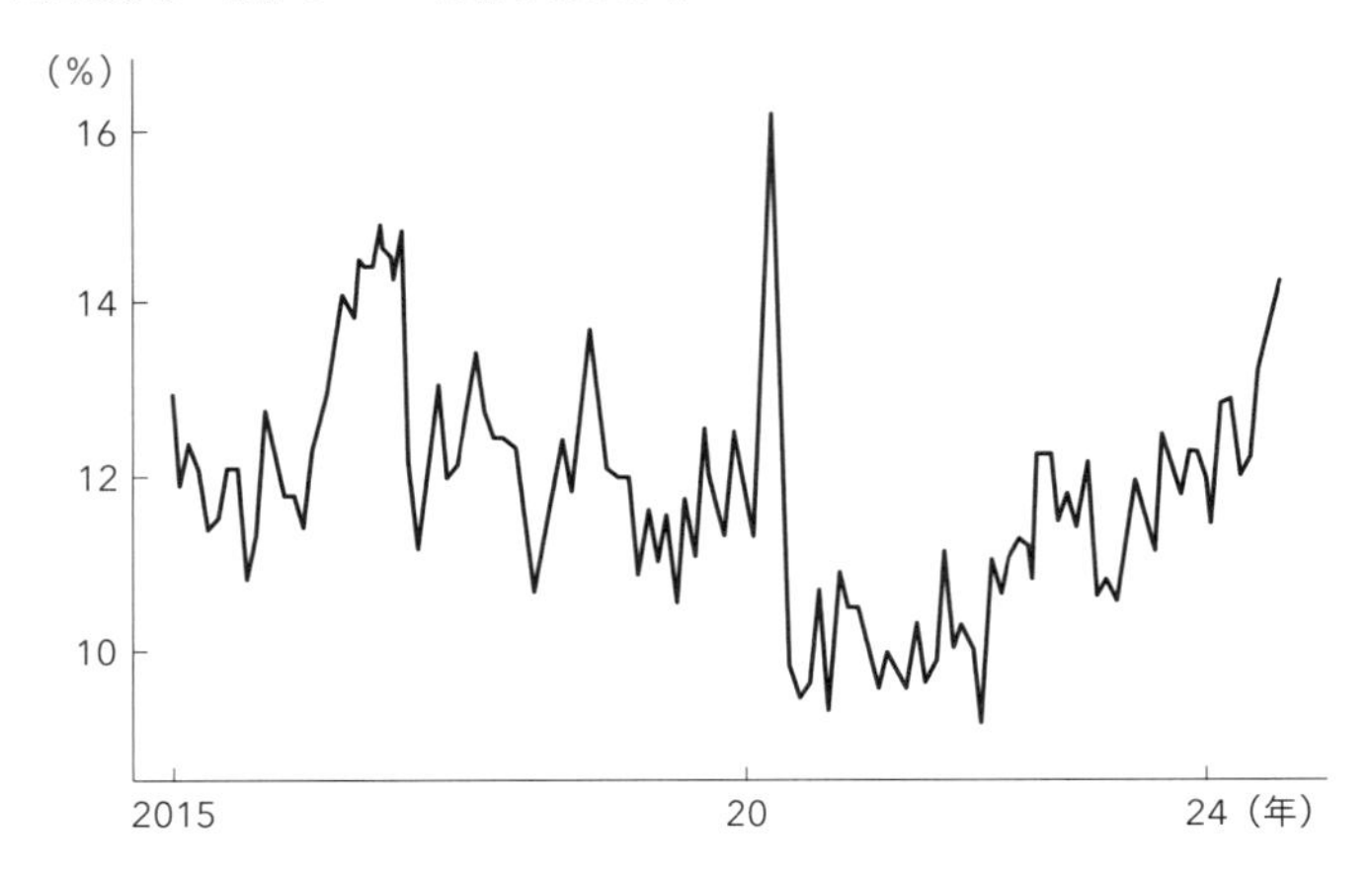

(注) 「今後3カ月で最低限の債務返済ができなくなる可能性」の平均値
出所:ニューヨーク連銀

給要件が大幅に緩和された。これが同年末に期限切れとなり、急低下していたSPMの貧困率が再び戻った。歴史的にみれば水準は低いが、政権が最優先課題とした格差是正が十分に進んだとは言い難い。

足元ではクレジットカードや自動車ローンを支払えない家庭が増えている。ニューヨーク連銀の9月の調査では「今後3カ月で最低限の債務返済ができなくなる可能性」の平均値が14・2％に跳ね上がった。40～50代、高卒以下の学歴の人で伸びが際立った。

●政策実現阻んだ議会の壁

バイデン政権の政策を阻んだのは米連邦議会の壁だ。富裕層増税や法人税の引き上げ、低所得層の支援策を盛り込んで「ビルド・バック・ベター（より良い再建）」と名付けた大型歳出・歳入法案は21年末に頓挫した。

22年に規模を縮小して成立したインフレ抑制法では、格差是正策の多くが除外された。中間選挙を経た後は共和党が下院の過半を握る「ねじれ議会」になり、政権の独自色の強い政策はますます成立しにくくなった。

22年に成立したCHIPS・科学法など、共和党も賛同しやすい産業支援策では、米国に投資を呼び込む流れを生み出した。コロナ禍の混乱期からの正常化という点でも成果はあった。

失業率が9月も4・1%と歴史的にみて低い水準にとどまるなか、22年に一時9%を超えた消費者物価上昇率は24年9月には2・4%にまで低下した。米経済は軟着陸（ソフトランディング）の軌道にあった。

ただ経済指標で好調に映る経済の内側にはゆがみが残ったままだ。ハリス氏は公約で児童税額控除の拡大など中間層重視を前面に掲げたが、前回の大統領選でバイデン氏が主張した政策を実現できなかった重荷を背負い込んだ。民主の岩盤だった黒人やヒスパニックで比較的所得の低い層の支持離れが指摘されていた。

5-2

崩れ始めた「岩盤」

Z世代争奪で異変　男性にトランプ支持の波

米大統領選で、民主党のハリス副大統領と共和党のトランプ氏による若者票の争奪戦が激しさを増していた。Z世代を中心とする若者は民主支持が多いとみられてきたが、トランプ氏が若い男性に支持を広げ、予断を許さない情勢となっていた。

● 大切なのは「生活が良くなるか」

両陣営が最も重視する激戦州である東部ペンシルベニア州の北部の町、ウィルクスバリを訪ねた。9月中旬、夕方からハリス氏の演説が開かれるウィルクス大学に出向くと、在学生のハイデン・フォーランドさん（19歳）と出会った。

「実物のハリスにちょっと興味がある」と語り、会場となった体育館の前に顔を出した。大統領選で最も重視するのは「身の回りの生活が良くなるか」。毎日の通学に自家用車を使う。気になるのはガソリン代の価格だ。投票先はまだ決めていなかった。

「トランプは変な人間だが、ビジネスマンとして力があるのは知っている」「ハリスはよく知らない。投票日までいろいろ見聞きして決めたい」。そう強調していたが、友達の誘いが入ると、ハリス氏を背に遊びに向かった。

どこにいてもおかしくない、こんな等身大の若者の決断が、世界が注目する新しい米大統領を決める構図になっていた。

東部ペンシルベニア州ウィルクス大学のハリス氏の演説会場の前にたつハイデン・フォーランドさん

●「低所得の若者層」に標準

10月7～10日に米紙ニューヨーク・タイムズ（NYT）が実施したペンシルベニアの世論調査では、投票先を最終決定していない人が14％。NYTはその半分程度を若者層とみていた。政治への関心は高くなく、投票に行くかどうかも含め、振れ幅が大きいのが特徴とされる。

NYTによると、トランプ陣営は激戦州の5％の有権者を「ターゲット説得層」と呼んで重点的に攻略する方針だった。人種を問わず、低所得の若年層に絞った。トランプ氏は若い男性向けのポッドキャストに頻繁に出演した。

ハリス陣営は激戦州の最大10％の有権者を、得票の上乗せにつながる浮動層と分析していた。テレビの深夜番組やポッドキャスト、ラジオ番組で露出を増やした。

■図表5-6　若い男性にトランプ支持広がる

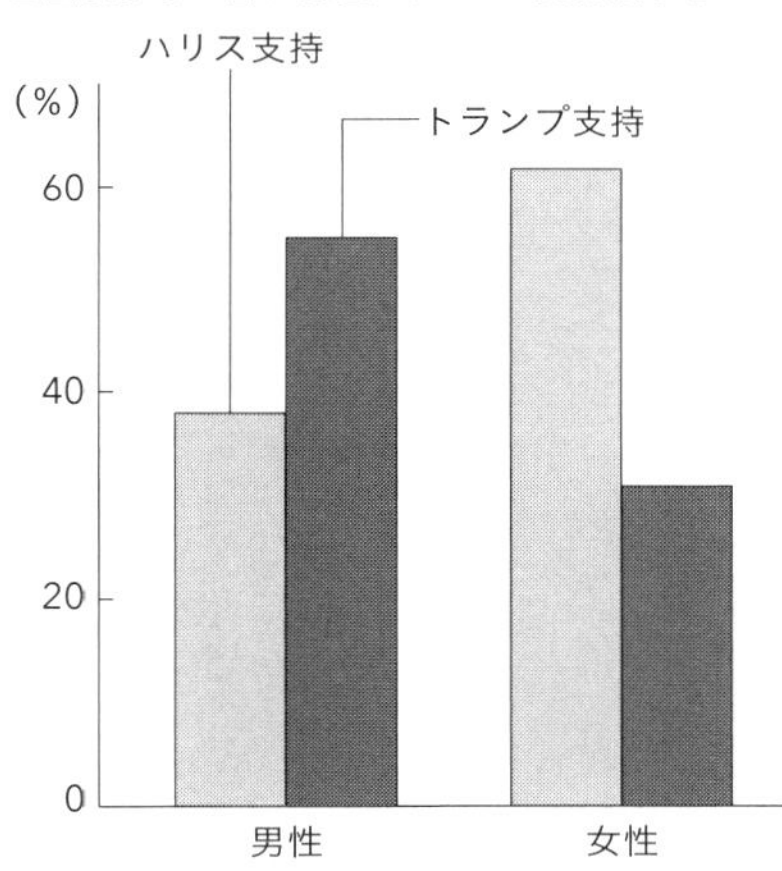

出所：ニューヨーク・タイムズ

2020年の大統領選では18～29歳のバイデン候補（現大統領）の得票率は60％に達し、トランプ氏（36％）を大きく上回った。若者が民主党勝利を後押ししたが、今回は構図が変わった。男女間の傾向の違いがあらわとなり、若者はハリス氏支持とは一概に言い切れなくなった。

NYTの調査によると同年齢の男性のトランプ氏の支持は55%に達し、ハリス氏（38%）を17ポイントも上回った。一方、女性は62%がハリス氏で、トランプ氏（31%）の倍に達した。

高齢不安でバイデン氏が選挙戦から撤退した後、ハリス氏は若年層からの支持を高めた。ただ、若い男性に限っていえば、バイデン氏とハリス氏で変化は起きなかった。

● 非白人でもトランプ支持

9月19日、南部の激戦州、ジョージア州グウィネット郡。黒人のアイナンさん（18歳）と白人のザックさん（18歳）が、地元の秋祭りの学生コーナーで政治談義をしていた。

アイナンさんは熱狂的なトランプ支持者だ。黒人への差別的発言があっても「メディアが過度に取り上げているだけ」と意に介さない。親友であるハリス支持のザックさんとは学校で毎日のように討論していると話した。

今回初めて大統領選挙に臨むアイナンさんやザックさんのような有権者はおよそ830万人いた。人種的には年配の層と比べ、多様性がある。18歳から27歳までの有権者では、45%近くが非白人だ。

黒人やヒスパニックは民主支持の岩盤とされてきた。それにもかかわらずトランプ氏は人種を問わずに若年男性に支持を拡大していた。

バイデン政権での物価高では、収入の少ない若年層ほど打撃を受けた。アイナンさんは「自分たちの生活を良くできるのはハリスではなく、トランプだけだ」と力説した。現状への不満が民主党政権への反感を強めた。

「男性は取り残された」

保守的な傾向が若い男性に広がっていることも、トランプ氏には追い風となった。

米ブルッキングス研究所の調査では「米国社会には男性への差別がある」と考える18～29歳の男性は23年に45％。19年の32％から伸びた。50歳以上の層では減少したのと対照的だ。

女性の社会進出が進み「男性は取り残された」と受け止める人が増えていた。こうした層が、男性の力強さを訴えるトランプ氏の主張になびいている可能性があった。リベラルへの反動が若年層にまで広がり、大統領選の行方を見えにくくしていた。

ジョージア州グウィネット郡の地元の秋祭りに参加した、アイナンさん（左）とザックさん。親友同士だが大統領選の投票先は異なる

アラブ系「ハリスを捨てよ」民主のガザ対応に失望

アラブ系・イスラム系米国人の民主党離れが鮮明になっていた。中西部ミシガン州などの激戦州で「ハリスを捨てよ」運動が広がった。世論調査では、アラブ系の共和支持が民主支持をわずかに上回った。トランプ氏はイスラム教の指導者を選挙集会に呼び、アラブ票の取り込みを狙った。

●戦争を止められない政権に怒り

「多くの友人や家族が苦しんでいる。戦争を止められない政権は潰れるべきだ」。パキスタン系移民のファラ・カーンさんの日課は、デトロイト郊外のディアボーンなどで「ハリスを捨てよ」と書かれたビラを配ることだ。手渡したビラは数万枚に及ぶ。ディアボーンはアラブ系住民の割合が55%と、全米で最も比率が高い地域だ。

カーンさんはこれまでの選挙で民主党に投票していた。ただバイデン政権のパレスチナ自治区ガザへの対応を巡り、考えが変わった。ガザでアラブ系パレスチナ人の犠牲者が増えても政権はイスラエルを支援しているほか、戦いの終わりも見えない。

「ハリスを捨てよ」運動は、アラブ系米国人を中心に2023年11月から始まった。当初は「バイデンを捨てよ」だった。デモなどの抗議活動やビラ配り・電話などで賛同を募る。激戦州を軸に運動を進め、ボランティアの登録者だけでも数千人規模に及んだという。ガザの即時停戦を掲げる「緑の党」を支持していた。

アラブ系住民の憤りは世論調査にも表れ始めた。アラブニュースと英調査会社ユーガブが24年10月21日に発表した調査では、アラブ系でトランプ支持が45％、ハリス支持は43％となった。緑の党の候補者ジル・スタイン氏への支持は4％だった。

「ハリスを捨てよ」のプラカードを掲げるカーンさん
（2024年10月23日、米ミシガン州ファーミントン）

●激戦州の勝敗、アラブ系が左右も

米大統領選はミシガンを含む7つの激戦州を制することが勝利につながる。「スイングステート（揺れる州）」のミシガン州は16年にトランプ氏が1万票差、20年はバイデン氏が15万票差で選ばれた。今回も接戦が予想されていた。

同州でアラブを含むイスラム系の有権者は20万人だ。20年の選挙ではそのうち14万5000人がバイデン氏に投票したとみられる。このアラブ票が今回、緑の党やトランプ氏に流れれば、ハリス氏には厳しい状況となることは明らかだった。

予兆は24年2月の予備選の際に表れていた。ＡＰ通信によると、ミシガン州の民主党予備選ではいずれの候補も「支持しない」と記した票が10万にも上った。その多くがアラブ系と分析されている。

ディアボーンで飲食店を営むサミー・ハムードさんは「自分の生活のためではなく、パレスチナの平和のために選挙に行く」と話した。ガザでの状況を「ジェノサイド（大量虐殺）」と表現し、止められないバイデン政権に失望した。民主党や共和党が掲げる経済や社会保障対策には全く関心がなく、スタイン氏に投票する予定だ。

政治ロビイング団体の「アラブ系アメリカ人政治活動委員

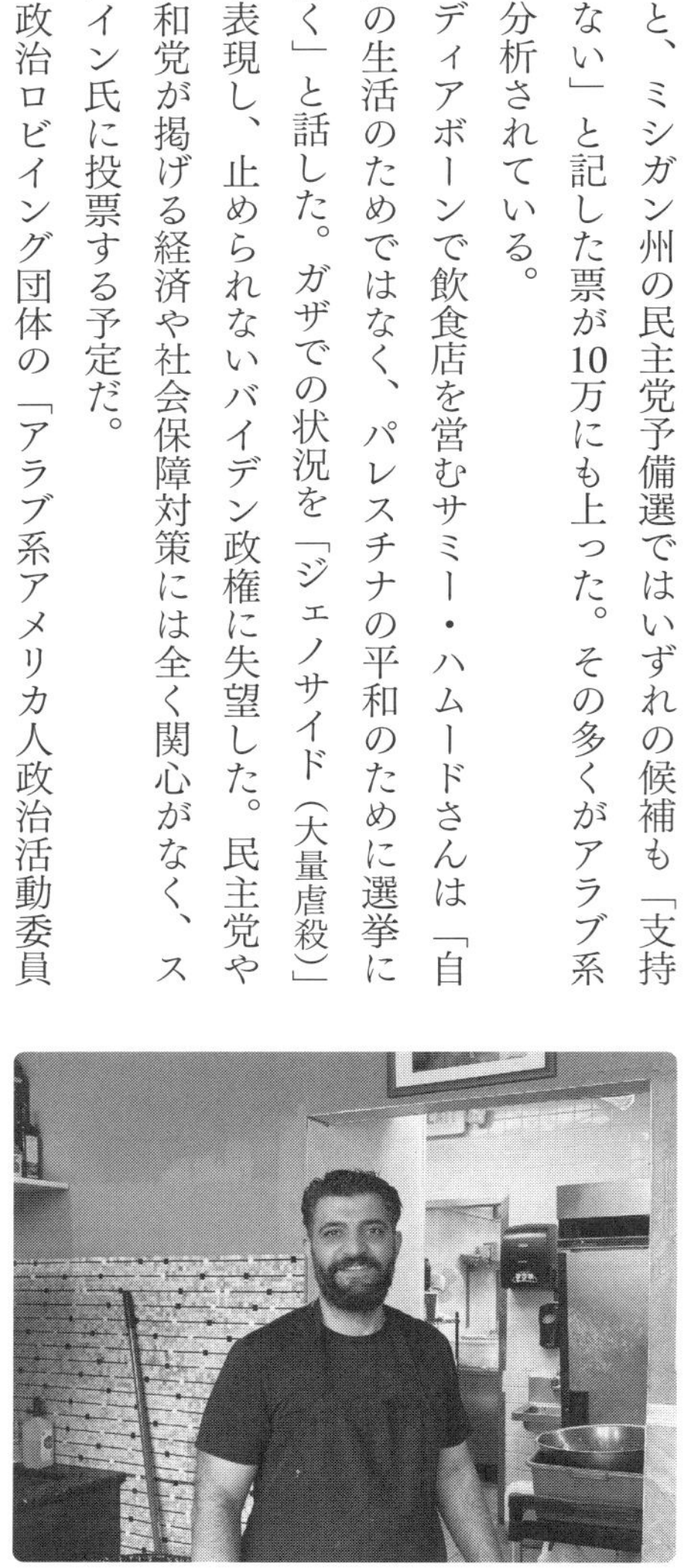

ハムードさんはレバノン料理のレストランを営む
（2024年10月23日、米ミシガン州ディアボーン）

会」も、パレスチナ対応への抗議から、今回の大統領選では民主党・共和党のいずれも支持しない方針を決めた。前回は民主党のバイデン氏を支持していた。

　こうした状況に民主党も危機感を抱いていた。10月18日にディアボーンにほど近い場所で開いた選挙集会で、ハリス氏は冒頭に「外交こそがイスラエルとレバノンの国境に永続的な安定をもたらす。全力を尽くしてこれらの目標（戦争の終結）を達成する」と発言した。そのうえで地元のアラブコミュニティーからも支持を得ているとアピールした。

　民主党はトランプ氏だけでなく、スタイン氏を批判する選挙広告もミシガン州で打ち出した。米グーグルによると、ハリス陣営は大統領候補が固まった8月5日～10月28日までに、ミシガン州に全米で2番目に多い広告費を投下した。

● トランプ氏の方が「まし」？

　共和党もアラブ系の票田を取り込もうと必死だった。トランプ氏は10月26日、こちらもディ

緑の党への投票を呼びかけるポスターが街の至る所に貼られている（2024年10月23日、米ミシガン州ディアボーン）

アボーンから近い場所で選挙集会を開き、イスラム教の指導者を壇上に招いた。「イスラム教徒やアラブ系から圧倒的な支持を得た。彼らと会合も開いた」と話し、親密さをアピールした。同陣営はアラブ系住民が多いデトロイトのハムトラクにも選挙事務所を構えた。

トランプ政権はイスラエルの首都としてエルサレムを承認したほか、ヨルダン川西岸での入植活動を事実上容認した過去がある。それでもディアボーンに住むラーイー・カフワジーさんは「戦争を止められない民主党より、トランプの方がましかもしれない」と胸中を明かした。

ポッドキャスト選挙、Z世代つかむ 再生回数でテレビ圧倒

今回の大統領選で、勝敗のカギを握る無党派層の取り込みに力を発揮したのが音声配信のポッドキャストだ。トランプ氏は人気番組に多く出演した。再生回数でテレビなどの既存メディアを圧倒しているだけでなく、若者を中心に「信頼できる」との声が広がる。

●「24時間で2600万再生」の浸透力

トランプ氏は2024年10月25日、人気コメディアンのジョー・ローガン氏のポッドキャスト番組「ジョー・ローガン・エクスペリエンス（JRE）」に出演した。約3時間にわたり議論や雑談を繰り広げ、テーマは台湾の半導体産業からUFO（未確認飛行物体）にまで及んだ。動画投稿サイトのYouTube（ユーチューブ）でも配信され、最初の24時間で2600万回以上が再生され、その後5000万回を超えた。

米エジソンリサーチによると、JREのリスナーの8割は男性で、全体の51％は18〜34歳の

ジョー・ローガン氏の番組に出演したトランプ氏（ユーチューブから）

若者だ。共和党支持者は32%、民主党は27%で、ローガン氏自身は20年には急進左派のバーニー・サンダース氏を支持した。だが対談を経てトランプ氏を支持すると宣言し、若い無党派層に大きな影響を与えた。

米調査会社イーマーケターによると、24年の世界の主要国のポッドキャスト利用者は23年比8%増の5億4670万人にのぼる見込みだ。米国では23年で約1億3000万人と、インターネット利用者の43%に相当する。エジソンの調査では、1990年代半ば以降に生まれた「Z世代」など12～34歳の約6割が毎月ポッドキャストを聞いている。

人気番組はそれだけで一大メディアとしての規模を持つ。JREはYouTubeで1870万人、音楽配信サービスのスポティファイでも

■図表5-7 ポッドキャスト利用者は5億人を突破

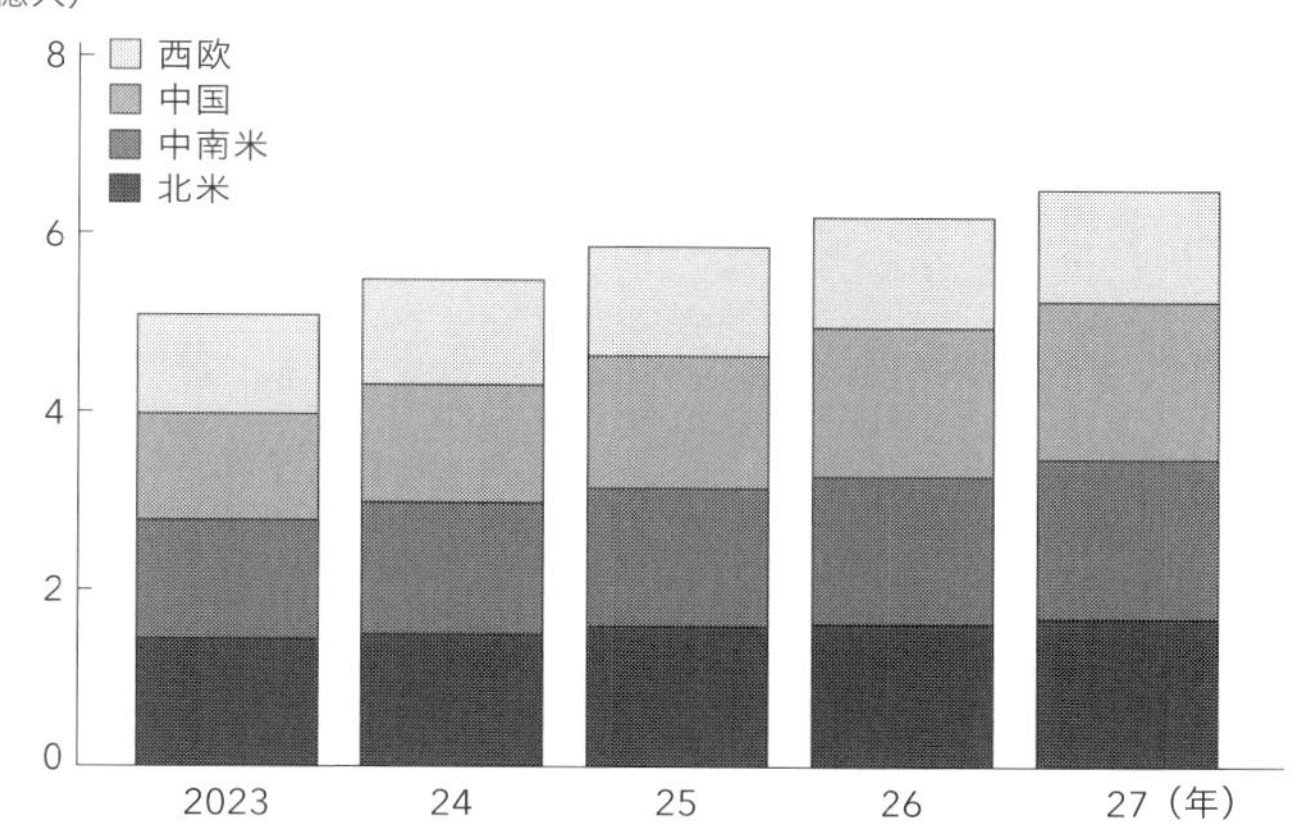

(注) 米イーマーケターが主要国を対象に予測

1450万人の登録者がいる。米保守系テレビ局「FOXニュース」は24年11月中旬の平均視聴者数が190万人で、夜のピーク時でも約300万人。米リベラル系の報道局「CNN」は平均33・7万人だ。

問われるのは「人間としての素顔」

ユタ州の大学生、イーサン・ガードナーさん(22)は通学時にポッドキャストを聞くのが日課だ。「ローガンなどポッドキャストの司会者は意見を押しつけないし、どの立場のゲストも招くから偏りがない」と感じていた。

若者だけではない。ケンタッキー州に住む50代のエリザベスさんは、運転や庭の芝刈りをしながらJREを聞く。「トランプ氏はリラックスして会話を楽しんでいて、ビジネスマンや政

■図表5-8　両陣営はポッドキャストの人気番組に出演した

トランプ氏		ハリス副大統領
「ジョー・ローガン・エクスペリエンス」（ジョー・ローガン氏）	番組名（司会者）	「コール・ハー・ダディー」（アレクサンドラ・クーパー氏）
若い男性	主な視聴者	若い女性
2024年10月25日	配信日	2024年10月6日
約3時間	配信時間	約50分
政策、選挙不正、格闘技、UFO	話した内容	中絶など女性の権利問題
• 編集が簡素で生々しい • 友人との長い会話のようで、親しみやすい人物に聞こえる	出演回の評価	• 編集が多く不誠実な印象も • 堅苦しく親近感を持ちづらい

（注）評価は米シートンホール大学のジェス・ラウチバーグ准教授などへの取材をもとに作成

治家ではなく一人の人間としての素顔が垣間見られた。ハリス副大統領の大手メディアのインタビューはわざとらしかった」と語った。

同じ音声メディアのラジオと異なり事前収録が多いが、「ポッドキャストはオープンな姿勢の議論を聞けるから信頼できる。新聞やテレビはリハーサルされて作り込まれ、偽物に感じる」（エリザベスさん）という。米制作会社クイルなどが24年10月に1000人を対象にした調査では、約半数が、テレビや新聞などの従来メディアよりもポッドキャストを信頼していると答えた。

●メディアの「進化」が選挙を変える

スポティファイのポッドキャスト番組の人気ランキングをみると、11月下旬時点でJREが首位だった。右派系評論家タッカー・カールソン氏の番組も含め、トランプ氏は上位3つのすべてに出演した。ハリス副大統領も女性に人

■図表5-9 歴代の米大統領は新しいメディアをたくみに利用してきた

ラジオ大統領	ルーズベルト（1933年）	新聞にかわりラジオでの演説「炉辺談話」で直接語りかけ、国民を魅了
テレビ大統領	ケネディ（1961年）	ニクソン氏とのテレビ公開討論会で若々しいイメージを印象づけた
ネット大統領	オバマ（2009年）	メールやブログ、自身のSNSで選挙戦を展開。ブラックベリーも愛用
ツイッター大統領	トランプ（2017年）	人事や外交など重要な政策をツイッターで発信
ポッドキャスト大統領？	トランプ（2025年）	若者や男性に人気の番組に出演し、選挙戦で無党派層を取り込んだ

（注） 敬称略。カッコ内は就任年

気の番組に出たが、デジタルメディアに詳しい米シートンホール大学のジェス・ラウチバーグ准教授は「編集が多く親近感を得られなかった」と分析した。

ポッドキャストの影響力が高まれば、今後の選挙で候補者が討論会に参加したり既存メディアのインタビューに応

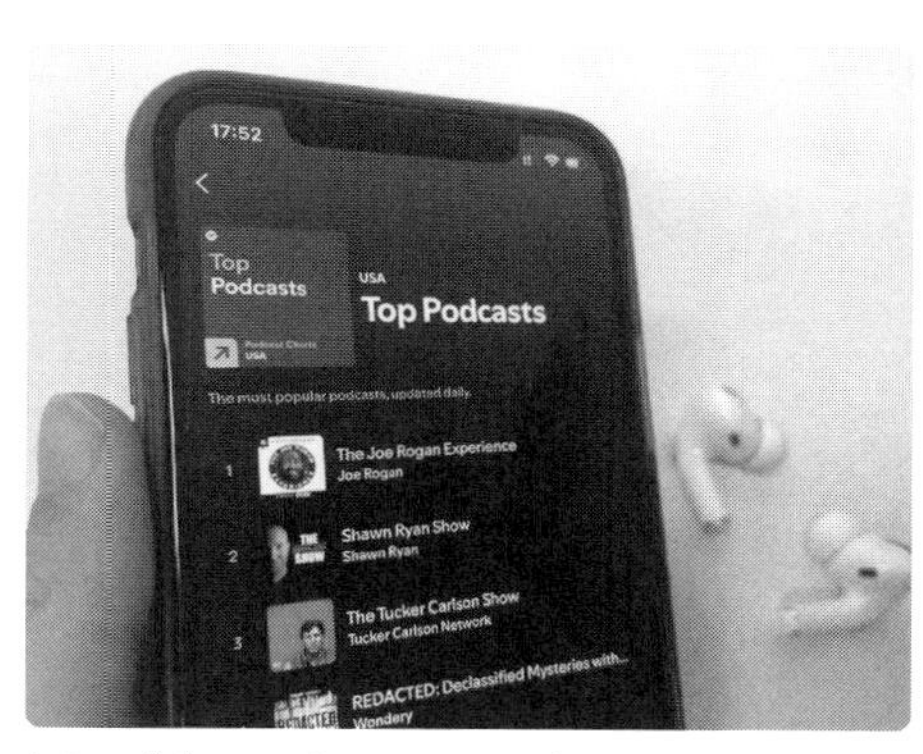

トランプ氏は、スポティファイのポッドキャストの人気上位番組に出演した

じたりする機会が減る可能性がある。ラウチバーグ氏は「政治的な専門を持たず記者として訓練されていないインフルエンサーに頼ることは、世界のメディアリテラシーにマイナスの影響がある」と指摘する。

歴代の大統領選ではケネディ元大統領はテレビ、オバマ元大統領はネット、16年のトランプ氏は当時のツイッター（現X）を活用して勝利につなげた。トランプ氏が若者票を切り崩して勝利を手にした今回の選挙は「ポッドキャスト選挙」として歴史に記される可能性がある。

5-3

決戦の日、有権者が漏らした本音

米大統領選は11月5日、ついに審判の日を迎えた。事前の世論調査ではハリス氏とトランプ氏の支持率はほぼ互角で、どちらに転んでもおかしくない接戦とみられていた。有権者はどちらの候補を、なぜ選んだのか。激戦が予想された7つの州でその胸中を尋ねた。

ジョージア、民主岩盤層「頼りない」ハリス氏に葛藤

● 分断をあおる言動に嫌悪感

激戦州の南部ジョージア州では、民主党候補のハリス副大統領の岩盤支持層が揺らいでいた。ハリス氏を「頼りない」とみる黒人男性の一部は支持離れを起こし、インド系コミュニティーでも中東政策などを巡り深い葛藤に直面していた。

投票開始の米東部時間5日午前7時からまもなく、アトランタ市内にある投票所を訪れた黒人女性のカーメン・グラントさんはハリス氏に一票を投じた。「特定のグループや自分自身のために行動する人ではなく、バランスの取れた候補者に投票しようと決めた」という。ハリス氏の経済政策や人工

投票会場には朝から有権者が並んだ
（2024年11月5日、アトランタ）

妊娠中絶の権利保護などを総合的に検討した。

同投票所は、公民権運動の旗振り役となったマーティン・ルーサー・キング・ジュニア牧師の生家のすぐそばにある。グラントさんは「（人種間の分断をあおるような）トランプ氏の言動には嫌悪感を抱く」と話した。

●ハリス氏には「本物」を感じない

民主党支持でほぼ固まる黒人女性とは対照的に、米メディアの世論調査によると黒人男性の間でハリス氏支持のリードは大きくなかった。非営利団体などで働くコーリー・ルイスさん（30）は前々回の2016年、前回の20年はともに民主党候補に投票していたが今回は共和党のトランプ氏に投票した。「そんなことをするなんて自分でも思ってもみなかったが、同じことの繰り返しにうんざりしていた」という。

「必要なのはこの国を望ましい方向に導くリーダーだ。ハリス氏に強さを感じたことは多くない」というルイスさん。「それは性別でも肌の色によるものでもない。彼女からはカメラの前で演じているだけという感じがあり『本物』を感じない」と語った。アトランタで配車サービス

マーティン・ルーサー・キング・ジュニア牧師の生家
（2024年11月5日、アトランタ）

運転手をする黒人男性も「ハリス氏が米軍の最高司令官を担う姿が想像できない」と話した。

●インド系有権者も一枚岩ではなかった

一方、保守系の白人有権者からはトランプ氏がアピールする「強さ」や断固たる国境管理を投票理由に挙げる声があった。

銃火器メーカーに勤めるジョン・マクナリーさんは「トランプ氏が、ウクライナやイスラエルなど世界で起きている紛争を仲介しようとする姿勢に感銘を受けた」という。ページ・エデンフィールドさんは地元の看護学生殺害事件で不法移民の容疑者が逮捕された例を挙げ、最重要論点は「間違いなく移民問題だ」と語った。

20年の大統領選では、民主党のバイデン大統領がわずか0・2ポイント差の約1万2000票でジョージア州を制した。アジア系の有権者の票も接戦でカギを握る。米調査機関AAPIデータによると、インド系の有権者はジョージア州内に約7万人いる。

インド系有権者は一般的に民主党支持が多い。ハリス氏の母親がインド系移民ということも

トランプ氏に投票した黒人男性、コーリー・ルイスさん（2024年11月5日、アトランタ）

あり、親近感からハリス氏を応援する雰囲気が強いとされた。

アトランタ拠点でコンサルティング業を営むラブリー・ディロンさんは「南アジアや黒人の文化に精通していることが、ハリス氏が米国内でも国際的にも他者と連携できる素地につながっている」と話した。ディロンさんはサンフランシスコで地方検事補を務めていた時に同僚だったハリス氏と知り合った。以来、ハリス氏の応援を続けている。

ただ、インド系有権者も多様であり、一枚岩ではない。インド系住民が多いアトランタ近郊アルファレッタに住む医師、アリ・カーンさんは「今回の選挙ではどちらに投票するか非常に悩んだ」と明かした。インド出身のイスラム教徒であるカーンさんにとって、ガザにおける人道危機を放置しているバイデン政権の中東政策には受け入れがたいものがあったためだ。

結局、ハリス氏に一票を投じたが「葛藤を心に抱えながらの投票だった」という。「(ハリス氏が副大統領候補だった)前回20年の時にあったような興奮は今回はもうない」。カーンさんは語った。

ペンシルベニア、選挙不正におびえる「建国の地」

激戦州のペンシルベニア州では投票を巡って有権者の警戒心が高まっていた。投票日前から不正やトラブルが相次いだためだ。「郵便投票は危ない」と話すなど、選挙不正におびえる声があちこちから聞こえてきた。

●投票の問題「１００％懸念する」

１７７６年に独立宣言が採択された「建国の地」をもつペンシルベニア州。過去４回の大統領選で投票結果と当選者が合致し「最激戦地」として知られるエリー郡など、大統領選を左右する土地だが、足元では選挙手続きを巡る不正や選挙に関する偽動画が拡散され、有権者の不安を招いていた。

ハリス米副大統領に投票したピッツバーグ在住のヘンリーさん（22）は「自分が住むペンシルベニア州は選挙の行方を左右する。間違いがないように直接投票しないといけないと思った」

と強調した。西部ワシントン州で郵便投票の路上の投票箱が放火された問題などを挙げ「郵便投票のリスクを取りたくなかった」と語った。

ヘンリーさんにとって自分の身の安全に直結する選挙だという。「自分は（ＬＧＢＴＱなどの）性的少数者であるため、トランプ氏が勝ってしまったら毎日、自分の安全を気にかけないといけなくなる」と述べた。

「郵便投票のリスクは取りたくなかった」と話すハリス支持者のヘンリーさん
（2024年11月5日、ペンシルベニア州ピッツバーグ市）

金融業界で働き、州兵も兼務するピッツバーグ在住のアダム・ザッカーマンさん

金融業界で働き、州兵も兼務するアダム・ザッカーマンさん（30）は、ペンシルベニア州で投票をめぐる問題が起きることを「100％懸念している」と述べた。「もともと郵便投票をする予定だったが、不正が生じる可能性があると思ったため、投票所にきたほうが確実だと思った」と説明した。

●「トランプ派とハリス派は半々」

ピッツバーグから車で1時間ほどのバトラー郡。トランプ氏の暗殺未遂事件があった場所で、トランプ氏支持が大勢を占める。暗殺未遂事件の写真を大きく掲げた広告も目立った。

トランプ氏を支持するバトラー郡在住のジェイさん（30）は「トランプ氏は物事を率直にいうため、彼が勝ったら怒る人はたくさんいるだろう」と語った。同じくトランプ氏支持の工場労働者の男性（47）は「問題は絶対生じるが、なるようになる」と話した。

バトラー郡在住のジェイムズさん（54）は2016年にト

ペンシルベニア州の激戦地エリー郡で民主党の開票パーティーでボランティアする若者

ランプ氏を支持したが、今回はハリス氏に投票するという。「トランプ氏は負けても負けたことを認められない人物だ。ハリス氏が勝てば、問題が必ず起きるはずだ」と警告した。

ピッツバーグではトランプ氏とハリス氏が投票前日の11月4日にそれぞれ選挙ラリーを開いた。ハリス氏のラリーに参加した40代の女性は「ハリスが勝てると信じているが、心配は残っている」と話した。「家の近くはトランプ派とハリス派の半々に割れている」と述べた。

災害の爪痕残るノースカロライナ「分断の時でない」

ハリケーン「ヘリーン」の爪痕が今も残る米南部ノースカロライナ州。災害を受けた激戦州がどちらの大統領候補をリーダーに選ぶかに注目が集まった。

●災害の影響は限定的

ヘリーンの被害を最も受けた地域の一つである州西部アッシュビル。川には流された車の残骸が手つかずで残り、復旧作業に従事する作業員の車がひっきりなしに行き来していた。

公益団体を運営するニーナさんは民主党のハリス副大統領に票を投じた。ニーナさんは「気候変動が異常気象につな

公益団体を運営するニーナさん

がったことは間違いない」として、米国での石油や天然ガスの増産に意欲を示す共和党のトランプ氏に警戒心を示した。

夜間外出禁止令が解除されて2週間足らずで、住民たちの多くは飲み水の確保にも苦慮していた。記者が立ち寄ったレストランも食材難から限定メニューでの営業を余儀なくされていた。アッシュビルのような被災地では投票所へのアクセスが限られることから、投票率が下がるとの見立てもあった。実際、被災した一部の投票所が統廃合されるなど、混乱もあった。「ここだと聞いていたんだけどな」。投票会場を訪れた年配の男性は、投票所が変更になっていたことを知らず、困惑した表情を浮かべていた。

強いリーダーシップに期待してトランプ氏に投票したという、クラフトビール醸造所勤務のラムスールさんは「災害の影響で投票所に行けないという人は聞いたことがない」と話した。災害がトランプ氏、ハリス氏のどちらに有利に働くかについても「災害が来て間もない。見極めるにはまだ時間がかかる」と語った。

州は被災者に対し、期日前投票を積極的に利用するよう呼びかけた。選挙管理委員会によると、11月4日までに420万人以上が投票した。2020年の投票率を超えており、投票への影響は限定的だったとみられる。

民主・共和の融和に期待

ノースカロライナは黒人人口が多いことでも知られる。人工中絶問題に関心を示す女性も多く、選挙期間中、ハリス陣営は中絶の権利擁護を前面に押し出した。

ハリス氏に投票したという、マーケティング業務に携わるサバンナさん（32）も「自分の体のことを自分で決められなくなるのは納得がいかない」と中絶に否定的な立場を取るトランプ氏への懸念を示した。

娘の世代が女性の権利を剝奪されることに懸念を示すデニースさんは9月のハリケーンを受けて仕事を失った。休職中は民主党の個別訪問にも参加し、無党派層の取り込みに力を入れたという。「6割くらいの人がハリス副大統領に投票すると話していた」

10月にはトランプ氏が被災地を訪れた。デニースさんは「彼が（現在使える）唯一の幹線道路を数時間にわたって封鎖したことで、緊急車両すら通れなくなった。彼の自己中心的な性格を示している」と語った。

マーケティング業務に携わるサバンナさん

選挙戦を通じて民主・共和陣営の分断が深まったことに懸念を示す有権者も少なくなかった。大工のティムさんは「興味深いのは災害を経て、超党派の協力が進んだことだ」として、大統領選後の融和に期待を寄せた。

娘とともに投票所を訪れたライアンさんもこう訴えた。

「アッシュビルはみんなで力を合わせて復旧に向かっている。今は分断の時ではなく、みんなが一つになるときだ」

娘とともに投票所を訪れたライアンさん

アリゾナ、移民政策巡って割れる「紫の州」

長らく共和党の牙城だった西部アリゾナ州は、2020年の大統領選で民主党が競り勝った。今回も人口の3分の1を占めるヒスパニック（中南米系）や他州からの移住者はハリス氏を選ぶという人が多いが、郊外での共和党支持は根強い。青色がシンボルカラーの民主と赤色の共和が競り合う「紫の州」の勝者は見えなかった。

●最大の争点は移民政策

現地時間の11月5日朝。州都フェニックスの中心部は、「ハリス・（副大統領候補の）ウォルズ」と書かれた看板があちこちの足元に立っていた。投票所のすぐそばを、何台もの米ウェイモの自動運転タクシーが行き交った。

12年前に引っ越してきた不動産会社勤務のジョシュアさん（36）は「国が前進するためには女性の権利が重要だ。多様な社会や都市は共和党では実現できない」と話し、ハリス氏に一票を入れた。

全米5位の人口を抱えるフェニックスは、家賃が高騰するカリフォルニア州や寒さが厳しいイリノイ州など、リベラルな「青い州」からの移住者が増えている。過去5回の大統領選で直近1回を除いて共和党が制した「赤い州」だったが、変容しつつある。

「移住者の多くは無党派層で、候補者次第で投票先は変わる。アリゾナは紫の州だ」。フェ

アリゾナ州フェニックスは米ウェイモの自動運転タクシーが走る。リベラルな州から移住者も増えている
（2024年11月5日、アリゾナ州フェニックス）

移住してきたジョシュアさんは女性の権利を重視し、ハリス氏に投票した
（2024年11月5日、アリゾナ州フェニックス）

ニックス郊外でメキシコ料理店を営むウィルコックスさん(76)は話した。自身はメキシコからの移民3世。「有色人種の女性で初の大統領が誕生すれば歴史的だ」と期待を込めて、家族9人でハリス氏に投票した。

メキシコと国境を接する同州最大の争点は移民政策だ。ウィルコックスさんは「快く思わない人もいるだろうが、ヒスパニックは畑仕事や飲食店など人々が嫌がる仕事にも勤勉な労働者だ。米国の日常を支えている」と強調した。混み合う店内の人たちもみな「ハリス氏に入れた」と口をそろえた。

●TSMCの新工場「地元の雇用は多くない」

直前の世論調査ではわずかにトランプ氏が優勢なはずだが、支持者はどこにいるのか。そう思いながらフェニックスから車を40分ほど走らせると、サボテンが点在する赤い荒野が開けるにつれて、投票所の風景も一変した。

「トランプ」「トランプ」「トランプ」。荒野にある投票所では、「トランプ」と大きく書いたトラックが何台も止まっていた。所有者の一人、白人男性のマイクさん(66)は「不法入国者が

メキシコからの移民3世のウィルコックスさんは家族9人でハリス氏に入れた
(2024年11月5日、アリゾナ州フェニックス)

米国民の雇用を奪って平和が乱されている」と憤り、トランプ氏に投票した。

すぐ近くでは半導体受託生産の世界最大手、台湾積体電路製造（ＴＳＭＣ）が新工場の建設を進める。マイクさんは「あの建物には大金が動いているが、地元の雇用は多くない」と話した。税務関係で働くロイさん（59）も「ハイテクではなく中産階級の仕事を増やすべきだ。できるのはトランプだ」と語った。

TSMC新工場の近くでは、トランプ氏の支持者が目立った（2024年11月5日、アリゾナ州フェニックス郊外）

投票を呼びかける様子が多く見られた（2024年11月5日、アリゾナ州フェニックス）

20年選挙では僅差で敗れたトランプ氏の支持者が「選挙で不正があった」と主張し、市中心部でデモや暴動に発展した。トランプ氏に投票したマリアさんは「また不正が起きるかもしれない」とけん制する一方、ハリス氏に入れた女性たちは「今夜も暴動が心配だ」と不安を募らせていた。

ミシガン、アラブ系住民たちの選択「ハリス氏ではない」

激戦州の一つである中西部ミシガンの投票所で人々に話を聞いた。パレスチナ自治区ガザの情勢と民主党のリベラルな家族観に対する反発の2つを理由に、アラブ系・イスラム系米国人の票は「ハリス氏以外」に向かっていた。

●ガザの即時停戦に一票

デトロイト郊外ディアボーン。「全米アラブ系米国人博物館」に近い小学校の投票所を訪れると、頭髪を覆うスカーフ「ヒジャブ」を身にまとう女性の姿が目立ち、投票用紙にはアラビア語の記載があった。米国で特にアラブ系有権者の比率が高い地域だ。

「4年前はバイデン氏に入れたけど、民主党には二度と投票しない。イスラエル支持を公言し、パレスチナや中東の人々を気に掛けない限り、共和党にも」。こう話すパレスチナ系米国人の医療系学生、ナダさん（24）は5日、ガザの即時停戦を掲げる小政党「緑の党」のジル・スタイ

パレスチナ系米国人の医療系学生、ナダさん（24）
（2024年11月5日、ミシガン州ディアボーン）

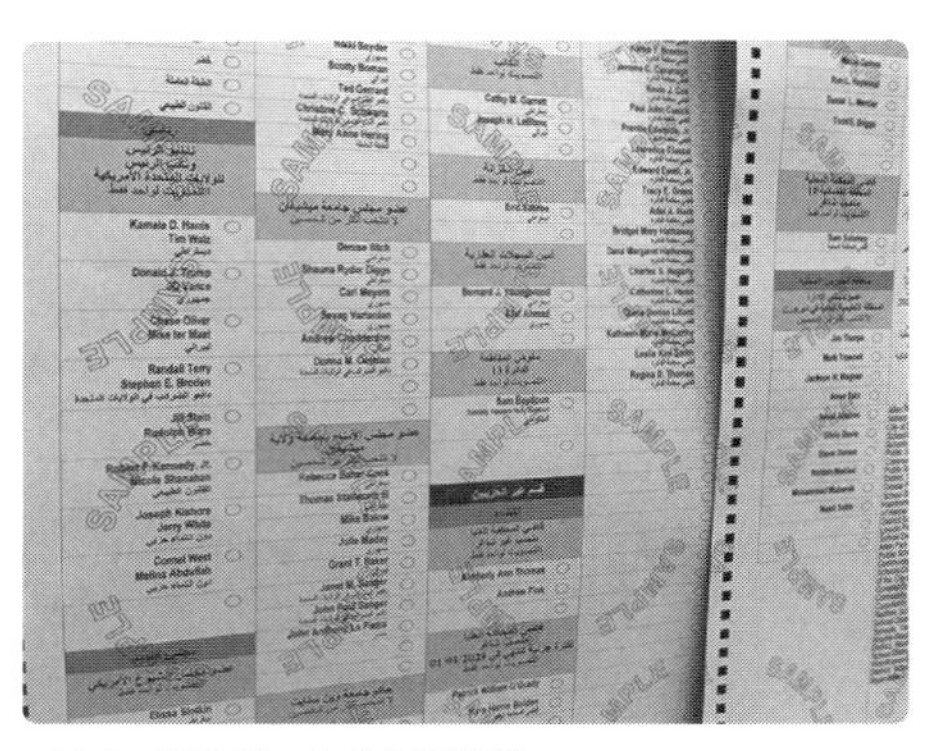

アラビア語表記のある投票用紙
（2024年11月5日、ミシガン州ディアボーン）

ン氏に一票を投じた。

共和党候補のトランプ氏に有利に働く可能性があることは「百も承知」だという。「トランプ氏が大統領になることによる苦悩は、パレスチナの人々が日々経験しているつらさに比べれば何でもない」。民主・共和の二大政党はどちらもイスラエル寄りなため中東の紛争拡大を止められないと感じ、第三の選択肢を選んだ。

レバノン出身のアリさん（62）とイラク出身のサイニーさん（57）夫婦も同様の考えだ。2人とも2020年は「反トランプ」票としてバイデン氏に投票した。今回は「反民主」で白票を投じた。ハリス副大統領を含むバイデン政権が、ガザ停戦へ手を打っていないと憤っていた。

サイニーさんは「トランプ氏は混乱を招くし、人種差別が強まる恐怖感もある。それでも『私たちの声を無視すべきではない』と民主党政権に教訓を与える必要がある」と話した。

● イスラム教の価値観と相違

イエメン出身で自動車産業で働くアディーブ・アルバダニさんは別の理由でハリス氏を支持しなかった。家族観だ。ハリス氏が推進する性的少数者の権利を擁護する政策がイスラム教の価値観と相いれないという。

5人の子どもの末っ子が投票所の小学校に通う。「私はイスラム教徒として家族を一番大事にしている。近年の民主党は（子供が幼いうちから性的少数者となることを擁護する方針により）親の権利を取り上げようとしている」。家族観が保守的だとして共和党を評価し、トランプ氏に票を投じた。

ヒジャブで頭部を覆う人も目立つ投票所
（ミシガン州ディアボーン）

ミシガン州には、アラブを含むイスラム系の有権者が20万人いる。従来、移民に寛容な民主党を支持する割合が高く、20年の大統領選でもバイデン氏の勝利を後押しした。

今回は、現政権のガザ対応への不満が民主党とハリス氏の逆風になった。ハリス氏が訴えるダイバーシティ（多様性）の実現も、「性の多様性」についてはアラブ系の人々が受け入れにくくなっている。

ディアボーンの投票所で5日、アラブ系有権者十数人を取材したが、ハリス氏に票を投じたと話した人はいなかった。

市内にはイスラム建築もみられる（ミシガン州ディアボーン）

ウィスコンシン、都市の白人男性「異端でもトランプ氏」

●「どっちに転んでもおかしくない」

激戦7州の一つに数えられる中西部ウィスコンシン州を訪れた。

選挙当日の5日、ウィスコンシン最大都市ミルウォーキー中心部の投票所。白人男性（26）は「これまで民主党に投票してきたが、今回は共和党候補のトランプ氏に入れた。移民問題や経済の観点からトランプ氏の政策の方が優れている」と話した。家族や友人は民主党を支持しており「異端者として扱われる」というが、それでもかまわないという。

女性の権利を重要視して民主党のハリス副大統領に投票し

ウィスコンシン州内でハリス氏への投票を支援するボランティア団体

たという24歳女性は「ミルウォーキーはこれまでブルー（民主党のシンボルカラー）な土地だった。でも今回は分からない。どっちに転んでもおかしくない」と困り顔だった。

これまでホワイトカラーが比較的多く住む都市部では、リベラルな政策を打ち出す民主党が優勢とされてきた。しかし長引くインフレで市民らは経済的な打撃を受け、さらに不法移民の流入に伴う治安悪化への不満も高まっていた。

製造業が集まるウィスコンシンは「ラストベルト（さびた工業地帯）」の一部だ。かつては民主党の支持基盤「ブルーウォール（青い壁）」とされてきたが、米労働者の復権を呼びかけるトランプ氏を支持する声が急速に広がっていた。

近年はブルー（民主党）とレッド（共和党のシンボルカラー）が混ざり合う様子から「パープル（紫）な州」とも称される。

一方、トランプ氏を大統領として不適格だと見る共和党の元支持者らも見られた。都心部から30分ほど離れたウォーケシャ郡。共和党支持者が多いこの地域で、意外にも民主党を支持する声が多く聞かれた。

2016年にはトランプに投票したという70代女性は「も

ウィスコンシン州ミルウォーキーでハリス副大統領に投票したウィリアムズ家

うトランプにはうんざりだ。トランプに入れるなら犬の散歩係に投票する」と皮肉った。元弁護士の男性（65）は「米国は多様な人種を受け入れてきた国だ。ベネズエラ人など米国への移住を必要としている人はたくさんいる」と現状の移民制度を支持した。

ウィスコンシン州の郊外でハリス副大統領に投票した男性（65）

ネバダ、ヒスパニック系組合員「ハリス氏を信じている」

激戦州の米西部ネバダ州ラスベガスの繁華街は、選挙当日の11月5日も国内外問わず多くの観光客であふれかえっていた。カジノをはじめ観光業が主体のラスベガスでは、サービス業従事者の一票が選挙結果を左右する。

●「ハリス氏は移民の状況を理解」

5日の現地時間朝6時、ラスベガスのカジノやホテルで働く飲食関係者らの労働組合「ローカル226」に、ハリス副大統領への投票を呼びかけようと数百人の組合員が集まった。同組合のダイアナ・ヴァレス会長が「今日我々は米国初の女性大統領を当選させる」と力を込めると、早朝にもかか

ラスベガス・ストリップ地区中心部のカジノホテルの上に、選挙結果の賭けサイト「カルシ」の巨大電光掲示板

わらず組合員から熱狂の声や拍手が巻き起こった。

幹部のテッド・パパジョージさんは「我々労働者のために戦ってくれるのは企業側で億万長者の肩を持つトランプ氏ではなく、ハリス氏だ」と話した。

民主・共和両党がチップ課税廃止を掲げているが、パパジョージさんは「チップ課税廃止は最低賃金の引き上げと同時に考えなければならない。最低賃金引き上げを掲げるハリス氏には労働者階級を支援する包括的な計画があるが、トランプ氏にはそれがない」と指摘した。

ネバダ州はヒスパニック（中南米系）が人口の3割と全国平均の2割を大きく上回り、非白人層の支持が勝負のカギを握る。ローカル226の組合員も移民が6割を占めており、その多くがヒスパニック系だ。

人気ホテルが立ち並ぶストリップ地区のホテルで働く、メキシコ出身の組合員のマリアさんは「ハリス氏は常に労働者を支援し、私たちのような移民の状況をよく理解している。彼女を信じている」と語った。同じくメキシコ出身で、ホテルの料理人のフランシスコさんは「チップの税金が高すぎる。メンバーのために戦わなくてはならない」と意気込んだ。

朝6時、ラスベガスのカジノやホテルで働く飲食関係者らの労働組合「ローカル226」に数百人の組合員が集まった

一方で労組に所属しながらも、民主党に懐疑的な目を向ける有権者もいた。ラスベガス・サマリン地区の投票所に来ていたヒスパニック系男性のルーさん（73）は、配管工で労組に入っているが、トランプ氏に投票した。「配管部品が異常に値上がりしたせいで、顧客にもコストを転嫁しなければいけなくなった。とにかく経済を改善しないといけない」と話した。

メキシコ出身でホテルの料理人のフランシスコさん（左）と、メキシコ出身の組合員のマリアさん（右）

富裕層が多いラスベガス・サマリン地区の投票所に来ていた、トランプ支持のウェンディーさん（左）とマイケルさん（右）

若者票争奪、テイラー対マッチョ 米大統領選で力比べ

11月5日の投開票の米大統領選で勝利を呼び込むのはテイラー・スウィフトか、それともマッチョ系ユーチューバーか――。共和のトランプ氏、民主のハリス副大統領が著名人を巻き込んだ選挙活動に力を入れた。若者に多い浮動票の行方が勝敗を左右すると判断したためだ。著名人にとってもそのカリスマが問われる「力比べ」の状況になった。

●悪ガキ系、ハリス氏の実績は「白紙」

「これからトランプ・フォース・ワン（トランプ氏のプライベート機の愛称）で一緒に飛び立つぜ」。ＳＮＳ上で10月21日に公開された動画で、トランプ氏の遊説に密着したのはネルク・ボーイズ（Nelk Boys）のメンバーだ。

街中でいたずらや悪ふざけを行い、放送禁止用語も平気で使う動画で、若い男性を中心に絶大な人気を誇る。動画共有サイト「ユーチューブ」で８００万人以上、写真共有アプリ「イン

スタグラム」で420万人以上のフォロワーを抱える。機内では「ハリス氏の実績をまとめた本だ」といって、すべてのページが白紙の本をトランプ氏に渡して一緒に爆笑した。

ネルクは、SNS以外にもポッドキャストを配信し、若年層が好む低アルコール炭酸飲料「ハードセルツァー」のブランドも手掛ける。トランプ氏は、その影響力を「彼らは現代のジョニー・カーソン氏だ」。米国で約30年間トークショーを率いた「伝説の司会者」に重ねた。

ネルク・ボーイズのメンバー(左)は、トランプ氏のプライベート機に同乗して遊説に同行した
(ネルクのユーチューブ画面より)

● ハリス陣営は超大物セレブを総動員

ハリス氏の支持者には、歌手のテイラー・スウィフトさんやビリー・アイリッシュさん、俳優ジョージ・クルーニーさんなどが名を連ねた。エミネムさんやブルース・スプリングスティーンさんといった大物ミュージシャンも激戦州での遊説に相次いで登場した。ハリス陣営は支持者の超大物有名人を総動員し、投票を促す戦略をとった。

もっとも、セレブの支持表明の効果を巡っては議論が割れる。

9月にスウィフトさんがハリス支持を表明したことをきっかけに、彼女のファンを中心とした若い女性の間でハリス氏への投票を促す活動などが活気づいた。一方で、キニピアック大学が同月下旬に公開した世論調査では、スウィフトさんの支持表明を通じて「より熱心に支持するようになった」との回答は9%にとどまり、「かえって熱意が薄れた」が13%に上った。

米紙ニューヨーク・タイムズによると、トランプ陣営は激戦州で「まだ投票候補を決めていない有権者」は5%にすぎず、そのなかでも比較的所得が低く、動画配信サービスやソーシャルメディアをよく使う人たちを「説得可能なターゲット」と呼び、支持者として取り込む戦略を採用した。

ネルクだけでなく、総合格闘技団体UFCの最高経営責任者（CEO）ダナ・ホワイト氏、デジタルメディア「バースツール・スポーツ」の創業者デイブ・ポートノイ氏、お騒がせユーチューバーからボクサーに転向したジェイク・ポール氏などがトランプ氏支持を表明。こうしたマッチョ系有名人がソーシャルメディアやポッドキャストを通じて、トランプ氏を支持するように活発に呼びかけていた。

誰もが名前を知る超有名セレブの支持獲得ではトランプ氏が劣勢に立っているようにみえても、若年男性層を中心とした「最後の浮動票」に影響力を持つ人物を効果的に取り込んだともいえる。

●「強い男」に憧れ、問題は投票に行くか

米調査会社ピュー・リサーチ・センターによると、18～29歳の約4割がニュース報道を定期的に確認する媒体としてインスタグラムを挙げた。マスメディアに代わって、ソーシャルメディアは影響力を強める。マッチョ系有名人とタッグを組む戦略が功を奏してか、ニューヨーク・タイムズの世論調査で一時、トランプ氏支持は同年齢の男性で55%に達した。一方、同じ年齢層の女性は6割以上がハリス氏支持だ。

「大統領選は伝統的に『男らしさ』を競うものだ」。米フェアリー・ディッキンソン大、ダニエル・カッシーノ教授（政治学）によると、米国では「攻撃的で、譲歩しない姿勢がリーダーに必要な資質」と考える傾向が強く、マッチョさを前面に打ち出したトランプ氏の態度が評価される一因になっていた。

特に、若い男性の間では「マイホームを構え、子供を育てて、家族を養う」という伝統的な男性の役割を果たすことが難しくなったとの不満が強い。こうした有権者にとって、トランプ氏やその支持者であるマッチョ系有名人が示す「強い男」像は魅力的に映るという。

問題は投票率だ。学業や娯楽に忙しい若年層は、ほかの世代に比べて投票率が低い。カッ

シーノ氏は「1980年代以降、若年層の投票率を上げる試みが繰り返されてきたが成功した例はなく、若者男性で広がるトランプ氏支持が実際の投票にどこまでつながるかは未知数だ」とこの時点では指摘していた。

データで見る米大統領選2

低所得・若年層ほどトランプ氏

米大統領選はトランプ氏の勝利が確定した。当初の想定を覆す完勝の要因はどこにあるのか。投票調査のデータをもとに、宗教や所得、関心のある政策などの観点で、2020年の前回選挙と比べて投票行動を変えた人、変えなかった人を分析した。

●所得が低いほど民主から票流出

今回の選挙では、4割の有権者が最大の争点に「経済・雇用」を挙げた。長引くインフレで米国人の生活は苦しさを増したが、最も影響を受けているのが生活必需品の値上がりに苦しむ低所得層だ。投票調査データからは、そうした層がハリス副大統領を見限り、トランプ氏に流れたことが鮮明だ。

有権者の景況感の認識では、経済が「不調だ」と答えた人の割合が前回選挙時の14%から、24%に大きく増えた。通常、経済環境が好調だと認識している有権者は現政権に、不調と認識していれば対立候補に票を投じることが多い。蓄積した経済への不満がトランプ氏への追い風になったとみられる。

世帯所得別に投票行動を前回と今回の大統領選で比較すると、ハリス氏ら民主党が獲得した票は世帯年収10万ドル未満のすべての層で減少した。最も減少幅が大きかったのは2万

■図表1　前回より経済が不調だと考える有権者が増加

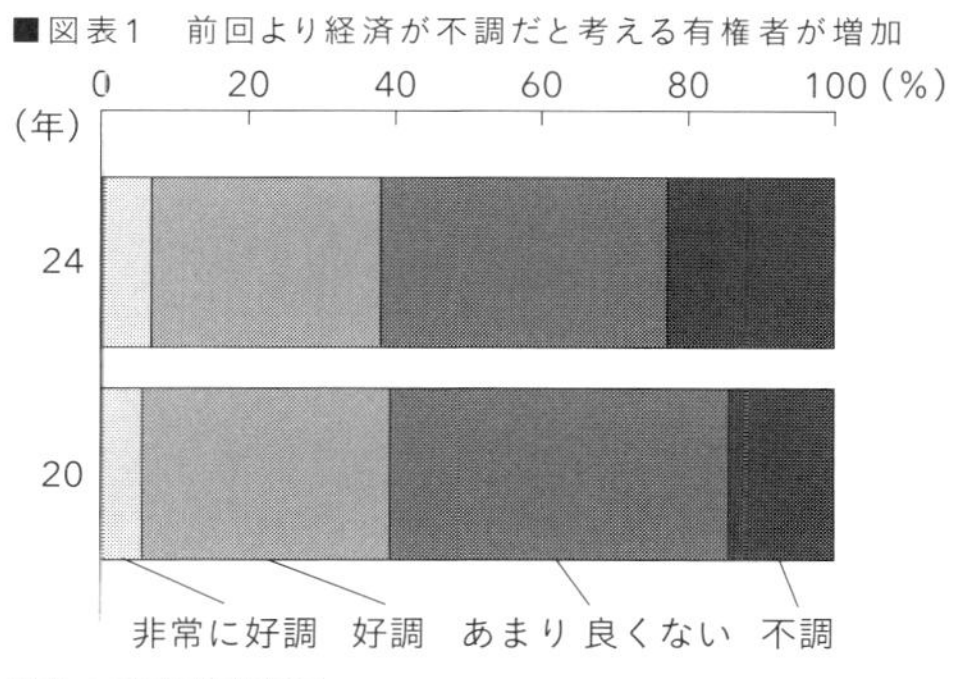

出所：AP通信投票調査

■図表2　所得が低くなるほど民主党からの流出が増加

世帯年収（ドル）	20年バイデン氏（%）	24年ハリス氏（%）	変化ポイント
2.5万未満	56	50	−6
2.5万以上5万未満	52	47	−5
5万以上7.5万未満	49	46	−3
7.5万以上10万未満	48	46	−2
10万以上	52	53	1

出所：AP通信投票調査

■図表3　黒人、ヒスパニックでは若い世代ほどトランプ支持が増えた
（20年選挙と比較したトランプ氏得票率の増加幅）

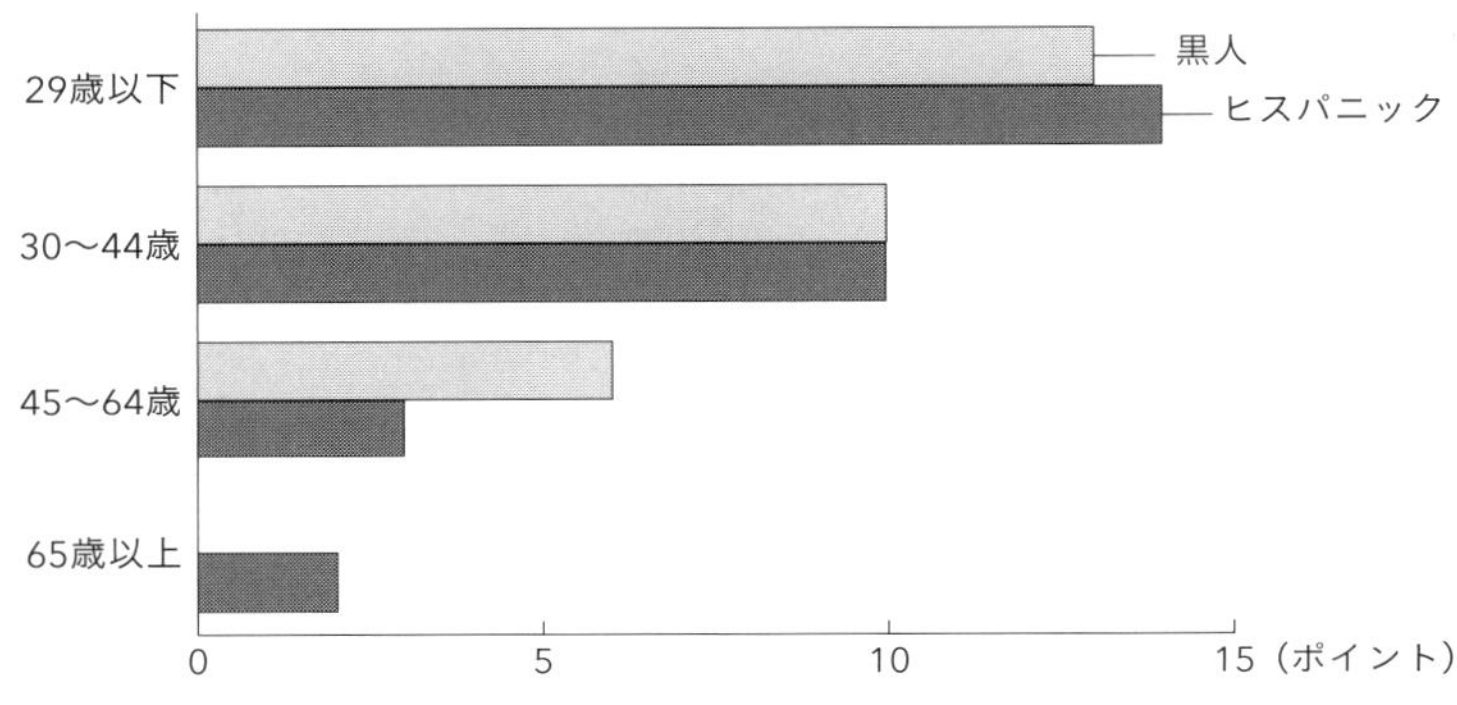

出所：AP通信投票調査

5000ドル未満の層で56％から50％に減少し、所得水準が低いほど民主党の得票率が低下していることが見えてくる。

民主党は伝統的に社会保障を重視し、経済的に貧しい層を支持基盤としていたが、そうした構造が崩れてきている。ハリス氏は最低賃金の引き上げなど低所得層対策の公約を打ち出したが、これまでの「バイデノミクス」への失望がそのままトランプ氏への期待感として票が流出したかたちだ。

白人層やアジア系と比べて所得水準が低い黒人やヒスパニックでは、年齢層が低いほどトランプ氏への支持が増加した。貯蓄が少ない若年層ほど生活苦への不満を強めていたことが選挙結果に表れている。

■図表4　関心政策が投票行動に与えた影響にも差が出た

	有権者全体の比率（%）	ハリス氏の得票率（%）	トランプ氏の得票率（%）
「移民問題が最重要課題」と答えた有権者	20	18	81
「中絶規制が最重要課題」と答えた有権者	11	70	29

出所：AP通信投票調査

●「移民問題」が「中絶」より響く

今回の選挙戦で、トランプ氏は急増する移民対策を、ハリス氏は妊娠中絶への規制撤廃をそれぞれ中心的な政策の争点に据えた。調査を分析すると、「移民問題」を重視する層の方が、実際に投票行動で意思を示す傾向が強かったことが浮かび上がる。

選挙の最重要の争点として「移民問題」を挙げた人は20%、「中絶（規制）」を挙げた人は11%だった。移民問題の方が関心が高いという点で、トランプ氏の論点選びが巧みだったといえる。

「移民問題が最重要課題だ」と答えた有権者のうち、トランプ氏に投票した人は81%に及んだ。一方で「中絶規制が最重要課題」とした有権者でハリス氏に投票した人は70%にとどまった。ハリス氏が最重点として訴える政策に強い関心があったにもかかわらず、実際には同問題を意識して投票行動を取った人がそれほど多くなかったことを示す。

移民問題は、不法入国者への財政支援が引き起こす不公平感や、雇用の奪い合いなどを通じて低所得層にも影響がある。そうした層の中には、切迫した懸念から投票した人もいたとみられる。

中絶規制はハリス氏が女性票の獲得を狙って発信に注力した。ただ、女性有権者からのハリス氏の得票率は53％と、前回選挙のバイデン大統領の55％から低下し、想定した層に訴えが響き切らなかった。

●ユダヤ票獲得、イスラム票は逃す

トランプ氏の得票率を信仰する宗教別で20年の前回選挙と比較すると、プロテスタント、カトリック、ユダヤ教の3つの宗派で増加した。ユダヤ教徒は全体的には民主党支持が強く、今回も6割超がハリス氏に票を投じたものの、トランプ氏の得票率は2ポイント増加した。

ハリス氏はイスラエルとイスラム組織ハマスの衝突をめぐり、パレスチナ自治区ガザへの民間人被害の拡大についてイスラエルに批判的な姿勢をとったことで、一部の親イスラエル派に反発が広がっていた。これに対してトランプ氏は「親イスラエル」の姿勢を前面に出したことが奏功したとみられる。

ユダヤ系米国人の人口に占める割合は2％程度だ。だが投票率が高く、政治的な発言力が大きいユダヤ系への支持拡大は選挙戦では少なくない影響があったとみられる。

■図表5　信仰別のトランプ氏の得票率

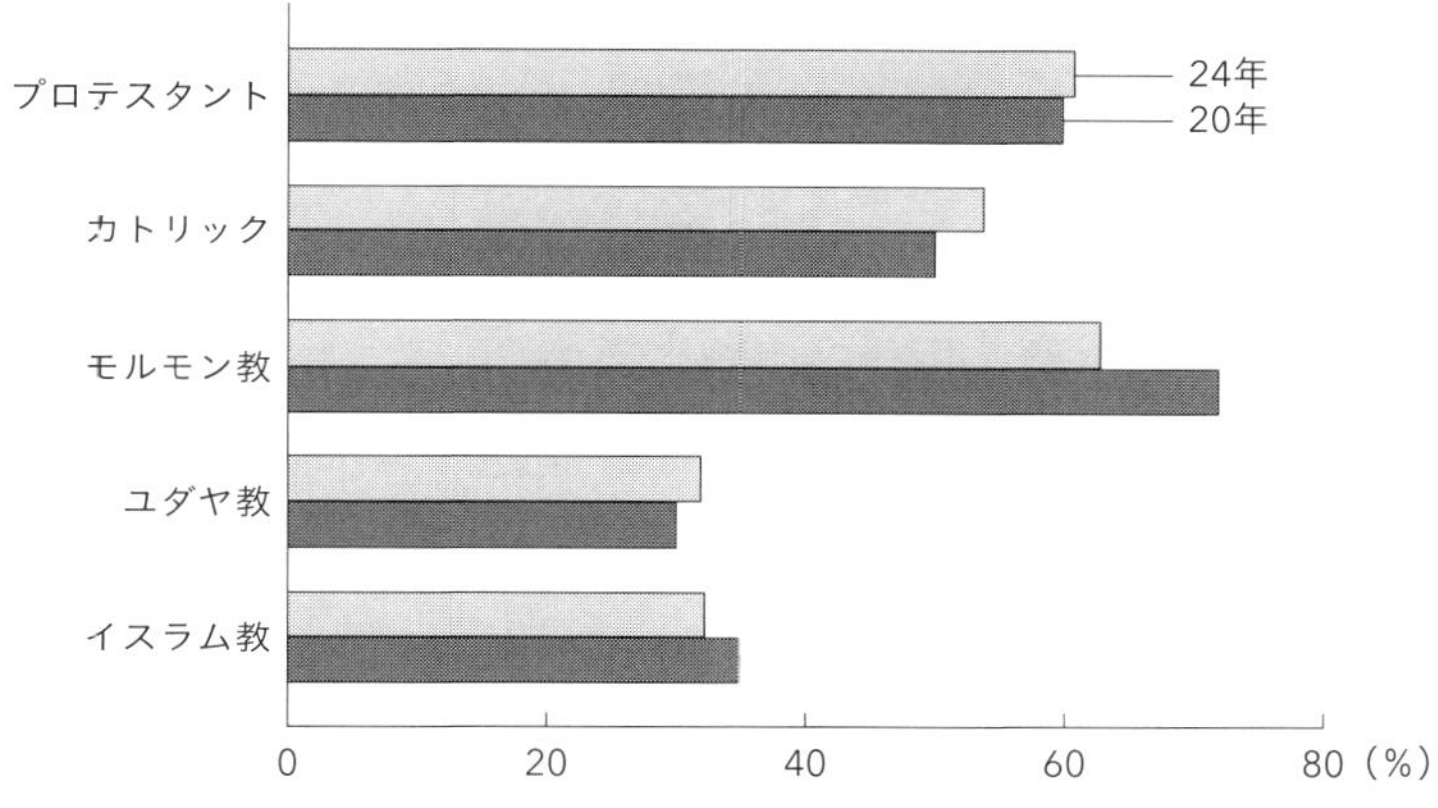

出所：AP通信投票調査

ただ、トランプ氏の姿勢はイスラム教徒からの票を逃がす結果になった。ハリス氏には中東での戦線拡大を防ぐことができないなか、イスラム系住民からの反発が広がっていた。トランプ氏は選挙戦の終盤でミシガン州などを中心にアラブ系住民などの取り込みを目指したが、結果的には米国全体でのイスラム教徒からの得票は3ポイント減少した。

有権者の2割強を占めるカトリック系の票が4ポイント増加したこともトランプ氏には大きい。妊娠中絶への規制などをめぐり保守的な立場を取っていることで、共鳴した人が多かったとみられる。20年の選挙戦でカトリック教徒のバイデン氏に流れた票も、今回の選挙戦では一部トランプ氏が取り戻した可能性がある。

記者座談会③

ハリス氏自滅、「嫌なヤツ」に賭けた有権者

記者
坂口幸裕
Yukihiro Sakaguchi

ワシントン支局長
大越匡洋
Masahiro Okoshi

記者
中藤玲
Rei Nakafuji

記者
芦塚智子
Tomoko Ashizuka

記者
吉田圭織
Kaori Yoshida

記者
飛田臨太郎
Rintaro Tobita

米大統領選では共和党のトランプ氏が激戦7州すべてを制し、民主党のハリス副大統領を破った。接戦予想から一転、トランプ氏の大勝となったのはなぜか。ワシントンや激戦州で大統領選を追い続けた記者に選挙の分析と今後の展望を聞いた。

●「気高い理念より明日の生活」

デスク 今回の選挙、何が勝敗を分けたのか。

大越匡洋ワシントン支局長 高学歴のリベラルな人々が、いかに多くの「普通の人々」を遠くに押しやってしまったかを感じた選挙だった。インフレが悪い、バイデン大統領の選挙戦撤退が遅すぎた、ハリス氏が独自色をうまく出せなかった、政策の訴えが弱かったと後になって原因を挙げていけば切りがないだろう。しかし、そういう戦術論では真の敗因は分からないと思う。

AP通信の投票調査をみると、確かに黒人男性やヒスパニック、若者の支持が2020年前回選挙より落ち込んでいる。でもよく見れば、郊外や都市部の女性、低中所得層らを含めて全面的な民主党離れが起きたことが分かる。支持が上向いたのは高所得層くらいだ。

「民主党は本来、労働者の党だったのにその支持を奪われた。『労働者階級』の支持を取り戻せ」という声が民主党内にある。言葉尻をあげつらうつもりはないが、「労働者階級」という言葉で無意識に自分たちとは異なる集団だとレッテル貼りしている点に民主党の現在の問題が集約されているように思う。

坂口幸裕記者　トランプ氏の強みはＭＡＧＡと呼ばれる岩盤支持層の存在だ。日本で長期政権を築いた安倍晋三元首相を支え続けた保守的な国会議員、有権者がいたように、何があってもトランプ氏を支える熱狂的な支持者がいるのは大きい。岩盤をベースに「高邁（こうまい）な理念より明日の生活」と考える無党派を取り込んだのではないか。

ハリス氏は事実上3カ月あまりの短期決戦で、知名度不足を克服できなかった。政治に関心がある有権者は知っていても、選挙戦の最後まで「ハリスってどんな人なの？」という声は消えなかった。１００日といわれる支持率が高くなる傾向にある「ハネムーン」期間は投票日まで維持できなかった。

米大統領選での敗北を表明するハリス氏
（2024年11月6日、ワシントン）＝共同

飛田臨太郎記者　選挙戦を通じて、民主党が自滅した。高齢への懸念がくすぶり続けていたバイデン氏を十分な議論をせずに引っ張った。ハリス氏も当初は米主要メディアを中心に楽観的なムードができあがったが、結局は支持が伸び悩んだ。

準備不足が露呈した印象だ。ハリス氏の演説はどこに行っても、同じような内容の原稿を忠実に読み、ほとんどアドリブがなかった。前座を務める地元の知事や議員がご当地話で聴衆を盛り上げているのを聞いた後に、ハリス氏の演説を聞くとひときわ印象が際立った。「なんとしてでも勝たせてほしい」と有権者に訴える泥臭い政治家の姿は最後まで感じられなかった。

芦塚智子記者　民主の準備不足に同意する。バイデン氏が酷評された6月末の大統領候補討論会の後、ジョージア州アトランタ近郊の女性有権者たちは「バイデン氏は後継者を育てると約束していたはずだ」「民主党は次世代の指導者を育成してこなかった」と憤っていた。ハリス氏はあの状況では最善の選択だっただろうが、本当の「最善の候補」ではなかったように思う。

民主が以前からやっているセレブの動員は本当にやめた方がいい。効果はほとんどないと識者の見方が一致しているし、有権者をばかにしていると思われかねず、むしろ逆効果だと思う。

マイノリティーの支持を既得のものと過信したのも民主の誤算だっただろう。特にヒスパニック（中南米系）有権者からは、不法移民の流入で治安が悪化することに不安を感じているという声をよく聞いた。ヒスパニック有権者はすでに米国市民なので「これ以上移民に流入してほしくない」「自分は苦労して市民権を取得した。不法移民に滞在を許すのは不公平だ」との不満がある。「トランプは人種差別主義者」といった民主の主張は、治安や生活の不安を抱えるヒスパニックには響かない。

● 若者にポッドキャストが影響力

中藤玲記者　トランプ氏の経済政策が分かりやすかったことと、民主党の長年のアプローチから中間層が置き去りになっていたことだと思う。激戦州のアリゾナでトランプ氏に投票した人々はみな、とにかくバイデン政権下でのインフレに不満を持っていた。日常生活の苦しさから、「不法入国者が雇用を奪っている」「トランプ氏ならハイテクではなく中間層の仕事を増やしてくれる」といった声を多く聞いた。

若者へのアプローチもトランプ氏の方がたけていたと感じる。当初はハリス氏が1990年代半ば以降に生まれたZ世代の支持を得ているように見えたが、リベラルな大学生など「意識の高い層」に限られ、かつパレスチナ自治区ガザの情勢を巡っては反感を買った。一方のトランプ氏は「普通の若者」を取り込んだ。特に自分の周りでは「ポッドキャストを聞いてトランプ氏に投票した」という若者も多く、そのメディアとしての存在感に驚いた。

吉田圭織記者　今回の大統領選でハリス陣営は「民主主義の保護」を主なメッセージとして伝えていた。抽象的なアイデアでピンときにくかったのではないだろうか。

自分が取材したペンシルベニア州で、激戦地のエリー郡は貧困ライン以下で暮らす人が人口の4分の1ほどを占める。民主党は一般の人の生活を理解しておらず、きれい事ばかり言っているという印象を有権者が持った可能性が高い。

同州で民主党色が強いピッツバーグ市でも、予想以上にトランプ支持者がいた。トランプ支持者の一人は「2016年の大統領選ではヒラリー・クリントン氏に投票し、彼女が負けたときには泣いた。だが、その後民主党の（人種や性の違いを際立たせる）アイデンティティー政治にうんざりし始めた」と語った。「民主党のエリート意識を潰す必要がある。だからトランプ氏に投票した」と説明したのが印象的だった。

支持者に演説するために登壇するトランプ氏
（2024年11月6日、フロリダ州）＝ロイター＝共同

デスク　有権者はなぜ再びトランプ氏を選んだのか。

飛田記者　トランプ氏は熱狂的な支持を集めて勝利したわけではない。バイデン政権下の物価高で生活に苦しんだ人、不法移民の増加に治安の不安を感じた人が「トランプの時の方がましだった」と流れた。こうした人は決してトランプ氏の汚い言動が好きなわけではない。「鼻をつまんでトランプに入れるかもしれない」というニュアンスで語る有権者は、トランプ集会では決して会わないが、移動で利用するウーバーの運転手やレストランのウエーターに本当に多かった。

民主党はこうした社会情勢を直視できていたのだろうか。民主党の支持基盤となった都市部の大卒・高所得者層には「トランプを支持するのは知能が低いから」と公言する人が少なくない。こうした民主党やその支持層から出ている雰囲気に労働者が「自分たちのことを何も分かっていない」と離反したのではないか。

吉田記者　ハリス陣営の「民主主義の保護」のメッセージに対して、トランプ陣営は「この4年間で生活は改善したのか」という分かりやすく、幅広い人に響くメッセージで選挙活動を進めた。米国では医療や教育など基本的なところでお金が多くかかり、経済的な不満を持つ人がもともと多い。

トランプ氏に投票した人の多くからは「民主党は変化を起こしたかったのであれば、4年間という十分な時間があったはずだ」という考えを聞いた。

民主党はさまざまな人種や宗教の人を寄せ集めた党で、それぞれのグループを怒らせないように恐る恐る選挙活動をしていたのが裏目に出た可能性がある。その一方で、トランプ氏やその周りの人は問題発言をしたが、政治家に対する不信感が強い有権者はむしろ隠し事がないという印象を強めたのではないか。

● 洗練されたトランプ氏の選挙戦略

芦塚記者　吉田記者も指摘している「皆さんは今、4年前より生活が良くなっていますか？」の問いかけは、故・レーガン元大統領の有名な言葉だが、トランプ氏が演説をこの言葉で始めるのを聞いたときに「これは効くな」と思った。「ハリスが壊したものを、トランプなら直せる」というキャッチフレーズも含め、ホワイトハウス入りする陣営幹部のアイデアだったという。

民主は「インフレはバイデンのせいではなく、経済も改善している」と主張したが、実感のない有権者を説得することはできなかった。

今回のトランプ陣営は全体的に戦略が洗練されていた。トランプ氏の言動には眉をひそめたくなるものも多かったが、ある識者は「トランプは嫌なヤツだが、米国のために敵対国などにも嫌なヤツになれる、という期待を有権者に持たせた」と分析していた。

大越支局長　トランプ氏を積極的に選んだとも思えない。共和党の予備選でのトランプ氏の獲得票は１７００万票、これがトランプ氏の岩盤支持層である「ＭＡＧＡ（米国を再び偉大に）」の票だろう。２０２０年の１８００万票強より減っている。

今回の大統領選本戦で民主党のハリス氏の得票は14日時点で７２８０万票と、２０２０年のバイデン氏の８１３０万票から８００万票ほど減った。トランプ氏の今回の得票は現時点で７５９０万票。２０２０年選挙の７４２０万票からみると、民主党から離れた票をすべて獲得できているわけではない。どちらの候補者も嫌う有権者が多いなかで、結果的にバイデン政権

ロナルド・レーガン元米大統領
（1983年1月19日、ホワイトハウス南庭）＝共同

の不人気を引きずったハリス氏が負けたと感じている。

坂口記者　経済、国境の問題でトランプ氏への期待は大きかった。バイデン政権下での歴史的なインフレによる生活苦、不法移民の急増による治安悪化への不満は根強くある。それを見透かすトランプ氏は現職の副大統領であるハリス氏に経済・移民対策を「なぜ今やらないのか」と迫り、有権者には「4年前より生活は良くなったか」と問い続けた。

民主党の地盤と思われていた黒人、中南米系、若者をハリス氏が取りこぼしたのは、現状の「変化」に対するトランプ氏への期待が根っこにあったのではないか。

デスク　「トランプ2・0」に世界が身構えている。

大越支局長　選挙後、トランプ氏の次期政権づくりのスピードは予想を超えた。急ピッチで閣僚人事を進め

トランプ氏の選挙集会で演説するイーロン・マスク氏
（2024年10月、米ペンシルベニア州）＝ロイター＝共同

ているし、自分への忠誠心を軸にすべての人事を考えている。イーロン・マスク氏のように単なる巨額の献金者にすぎない人が政権の意思決定に大きく関わってくることも明確になってきた。議会も上下両院で勝ち、最高裁は保守派の判事が多数を占めている。再選を気にする必要のないトランプ氏の放縦、気まま、身勝手へのブレーキが見当たらない。世界は振り回されるだろう。

●「トランプ2・0」は正しく恐れよ

飛田記者　基本的なトランプ氏の政策哲学は第1次政権から変わらず、世界はすでに経験済みだ。過度に騒ぐのではなく、正しく恐れる必要がある。

例えば、第1次政権での日本と米国の貿易協定の事例をみると、トランプ氏が何を求めているのか内部事情を正確に理解して応えていくのが重要だ。

当時のトランプ政権は日本とは「うまく交渉している」と演出する必要に迫られていた。トランプ氏の第一の主眼は中国であり、欧州連合（EU）との交渉だったが停滞した。日本と早くまとめ、プレッシャーをかける必要があった。大統領選を前に、政権の目玉公約である貿易で成功事例がない焦りもあった。そこに当時の日本政府の交渉団は活路を見いだして、日本に打撃の少ない貿易協定をまとめた。

坂口記者　外交政策の転換が予想されるのは、ロシア、北朝鮮への対処だ。新政権発足に向けた外交・安全保障政策の陣容も急ピッチで進め、国務長官や国防長官などの骨格は大統領選の投開票から1週間ほどで決めた。8年前は両長官ポストの決定に1カ月前後かかった。

トランプ氏は就任前にロシアとウクライナの停戦を実現すると豪語してきた。仲介に意欲を示しており、遠くない時期に実際に動く事態もあり得る。

1期目に史上初の米朝首脳会談を実施した北朝鮮の金正恩（キム・ジョンウン）総書記について「私のことを懐かしがっていると思う」と語るなど秋波を送る。対北朝鮮の制裁を緩和するとの見方もある。対中国・イランには厳しい姿勢で臨む。対中抑止では日本に一段の役割を求める可能性がある。

芦塚記者　トランプ氏は型破りなだけに、発言のどこまでが本気なのか、強硬な政策をどこまで推し進めるのか、予測がつかないところが不安を呼ぶ。閣僚や高官の人事を見ると、トランプ氏に忠実な顔ぶれがそろっており、トランプ氏の意向が政策に如実に反映される可能性が高そうだ。米国在住の日本人の間では、日本に里帰りをした場合に再入国が難しくなるのではないか、グリーンカード（永住権）を没収されたりしないか、など不安の声が広がっている。

デスク　米国や世界の未来も変わる。民主主義の行く末も気がかりだ。

坂口記者　米国民の多数派が「米国第一」を掲げるトランプ氏を選んだ現実がある。一般の有権者が「明日の生活」を優先するのは当然と言えば当然だ。

バイデン氏やハリス氏が、ウクライナ支援が米国の安全保障に不可欠と言っても実感として分かりにくい。超大国の役割を認識するエリート層は今回の選挙戦で明らかになった米国民との乖離（かいり）を埋める努力が欠かせない。

中長期的に米国をはじめとした民主主義国家の優位性をそがれるリスクがある。ロシアが武力で実効支配したウクライナの割譲を認めれば戦後の国際秩序・ルールが崩れかねない。

芦塚記者　トランプ氏があまり過激な政策を推し進めれば、2年後の中間選挙で有権者の反発

ウクライナのゼレンスキー大統領（左）とトランプ氏（2024年9月27日、ニューヨーク）=©Ukraine Presidency／Ukrainian Pre／Planet Pix via ZUMA Press Wire／共同通信イメージズ

を受けかねない。政権の政策の是非を判断する連邦最高裁も保守に傾斜しているが、憲法や法律に基づいて判断を下すことに変わりはなく、トランプ氏に「フリーパス」を渡すわけではない。

トランプ氏の過激な発言について有権者から「あれはジョークだ」「本当に実行するわけはない」と軽視する声をしばしば聞いた。米国永住者の一人としてそうであることを願うとともに、有権者が期待した「トランプ氏が直す」という約束を守ってほしいと思う。

●自由、人権、法の支配を守れるか

飛田記者　トランプ氏が大統領だった4年間は大きな戦争が起こらなかった。トランプ氏が「何をしでかすか分からない」という予見不可能なところが世界の指導者の行動を止めたといわれる。

しかし、第1次政権を通じて、逆に「トランプ氏は本当に内向き志向で、外国の戦争に関与しない」という認識をロシアや中国、イラン、北朝鮮の指導者に与えたと指摘する有識者もいる。

中藤記者　米国の民主主義の結果として、大勢の米国民がトランプ氏を理解した上で選んだ。

民主の牙城だったシリコンバレーの一帯でもトランプ氏の得票が伸びたことなどを考えると、米国内は分断というよりも、共和党の赤色に染まりつつあるように思う。当面は米国の保守化が続くだろう。新政権では、行政権力に対して議会や司法のチェックが機能するかが課題になる。

大越支局長　民主主義はそれぞれの国、それぞれの国民が守っていくしかない。とはいえ米国の信望が失墜すれば、自由や人権、法の支配といった価値が暴落する世界が待ち受けることも予想される。すでにその危険は世界中で増殖しているといっていい。トランプ次期政権の4年がその決定打になれば、中国やロシア、北朝鮮、イランといった枢軸を形成する国々が好き勝手に国際秩序を解釈し、都合よく修正する動きを強めるだろう。

「米国は台湾を防衛」
―ビベック・ラマスワミ氏

米共和党で実業家のビベック・ラマスワミ氏は2024年5月のインタビューで、「少なくとも予見可能な未来にわたり、台湾を守る」と語った。米歴代政権は米国の介入をぼかす「戦略的曖昧さ」を戦略にしてきたが「(抑止力が)不十分だ」と指摘。「戦略的明確さが必要だ」と説明した。

ラマスワミ氏は「台湾への侵攻は米国の国益に関わるレッドライン(越えてはならない一線)だと明確にすれば、より効果的に平和が保てる」と語った。「米国の半導体が独立を果たすなど状況が変われば『戦略的曖昧さ』に戻るか再評価することは可能だ」とも加えた。半導体を巡る台湾依存から脱却すれば、関与のあり方が変わる可能性に言及した。

バイデン政権の気候変動対策については「米国人と人類にとって有害だ」と主張した。「石油、天然ガス、石炭などあらゆる種類のエネルギー生産が必要だ」と強調した。

国際的な枠組み「パリ協定」から再離脱するトランプ氏の公約への賛同も示した。電気自動車(EV)のバッテリー供給で中国依存が一段と深まっていると指摘し「中国が気候変動対策の最終的な受益者だ」と訴えた。

日米は「関係強化が両国に最善の利益になる」と説いた。トランプ氏が在任中に掲げた対日貿易赤字の是正や在日米軍の駐留経費の見直しについては「両国間にはより大きな対話の余地がある」などと語るにとどめた。

ラマスワミ氏は両親がインド移民で、米ハーバード大や米エール大法科大学院で学んだ。バイオ関連会社の起業などで財をなした。政治家を志した理由について「子供たちにも、私と同じようなアメリカンドリームを実現できる国で育ってほしい」と語った。

愛国心や実力主義、勤勉さといった建国以来の米国の理想が失われていると唱え「復活のためには次世代のアウトサイダーが必要だ」と力説した。ラマスワミ氏は今回のインタビューがあくまで「個人的な立場」によるものだとも強調した。

ラマスワミ氏は一時、共和党の副大統領候補の一人と目されていた。

ビベック・ラマスワミ氏(Vivek Ramaswamy)
1985年生まれ。米ハーバード大や米エール大法科大学院で学び、2014年にバイオテクノロジー企業を設立。様々な投資や起業を通じ、巨額の財を成した。24年大統領選の共和党候補指名争いに立候補。軽妙な演説や討論のスタイルが受け、党内支持率で一時、3位に浮上。撤退後はトランプ氏を支持した。

「日本は米国の要求に備えを」

―ジョン・ボルトン氏

日本は米本土が攻撃されれば自衛隊の出動を義務付ける条約改正を迫られる――。トランプ前米大統領のもとで大統領補佐官（国家安全保障担当）を務めたジョン・ボルトン氏は2024年3月のインタビューで、トランプ氏の返り咲きを想定した備えが必要だと強調した。

トランプ氏について「最も懸念されるのは同盟関係のあり方への認識の欠如だ」と指摘した。日米同盟が日本だけでなく「米国の安全保障も強化していることに気づいていなかった」と話した。

日米安全保障条約第5条は米国による日本防衛の義務を定める。一方、共同対処するのは日本の施政の下にある領域に限り、米本土など領域外で日本が米国支援のため戦う義務はない。

ボルトン氏は日米安保条約を念頭に「トランプが『日本にも米国を守る義務を負わせるように条約を改正してほしい』と言うことに備えるべきだ」と唱えた。トランプ氏が「日米同盟は不公平」などと主張した際、反論できるよう準備を促した。

トランプ氏は前回の在任中に日本に米軍の駐留経費の増額を求めた。ボルトン氏は駐留経費の金額を「トランプは適切でないと考えていた。単に不動産取引としか見ていなかった」と振り返った。米国が核を含む戦力で同盟国を守る「拡大抑止」に疑義が生じれば「日韓などから自国の核兵器が必要ではないか」との声が高まりかねないと訴えた。

日本の核保有については「間違いだ。北東アジアをより複雑で危険な状況に導く」と表明した。

トランプ氏は中国製品に60%超の関税を課すと公言する。ボルトン氏は対中強硬姿勢に関し「長続きしないだろう。威勢がいいだけだ」と見通した。中国の習近平（シー・ジンピン）国家主席はトランプ氏を「交渉が簡単な相手で、こびれば最悪の結果を避けられると考えている」と語った。

トランプ氏の行動原理は「ドナルド・トランプの利益になると思うことをする。それが彼を突き動かす原動力で、関税政策よりも『どんな宣伝になるか』だ」と説いた。中国が台湾に侵攻した場合に米軍を送るかどうかは「分からない。弱さを見せれば、中国はそれを利用するだろう」と述べた。

ジョン・ボルトン氏（John R. Bolton）
ブッシュ米政権（第43代）で国務次官（軍備管理・国際安全保障担当）や国連大使などを歴任。2018年4月〜19年9月に大統領補佐官（国家安保担当）。トランプ氏と対北朝鮮政策などを巡り対立し、解任された。

「日本に防衛費 GDP2%超要求も」

―マーク・エスパー氏

©Marvin Lynchard／Dod/Planet Pix via ZUMA Wire／共同通信イメージズ

第1次トランプ政権で国防長官を務めたマーク・エスパー氏は2024年4月のインタビューで、トランプ氏が再び大統領になれば、日本に対して防衛費の国内総生産（GDP）比率を「2％超」の水準にさらに積み増すことや、在日米軍駐留経費の日本側負担（思いやり予算）の増額を求める可能性に言及した。

トランプ氏の復権に向けて日本が備えるべき分野について「貿易と安全保障」と述べ、トランプ氏がすべての外国製品に10％の関税をかける構想を打ち出していることなどを例示した。安全保障を巡っては「日本がGDPの何％を防衛費に費やしているかにトランプ氏は焦点を当てる」と言明した。すでに岸田文雄政権は防衛費を27年度にGDP比2％に増額する方針を決めている。

エスパー氏は「日本が2％への増額に動いている事実は大きいが、問題はトランプ氏が今後も2％で十分と考えるかどうかだ」と指摘した。米国の国防費がGDP比3％台であると強調し、北大西洋条約機構（NATO）が23年の首脳会議で国防費を増やすGDP比目標を『少なくとも2％』という表現に変えたことに留意すべきだ」と語った。

さらに「日本が米軍を受け入れるためにいくら払っているのかにトランプ氏は注目する」として、1期目と同じくトランプ氏が米軍駐留経費の日本側負担について増額圧力を再び強める可能性を挙げた。

エスパー氏は米国が世界に張り巡らせた同盟網について「ロシアや中国と対峙するとき、同盟網は我々の最大の（相手が持ち得ない）非対称の能力だ」とした。同時に「トランプ氏はそのように重視していない」と断言し、「同盟網をより取引的な関係ととらえ、米軍が部隊を前方に配置することで対価として何を得ているのかを知りたがる」と説明した。

エスパー氏は若い世代の政治リーダーの登場に期待を表明しつつ、11月の大統領選で自身が誰に投票するつもりかについては「トランプ氏には絶対に投票しない」と答えた。

マーク・エスパー氏（Mark T. Esper）
1964年生まれ。陸軍士官学校を卒業し、湾岸戦争などに参加。退役後、保守系シンクタンクのヘリテージ財団などを経て、ブッシュ政権で国防次官補代理。第1次トランプ政権で2019年7月から20年11月まで国防長官を務めた。

「トランプ氏は日本を守る」
―ハーバート・マクマスター氏

トランプ氏が返り咲いても有事になれば日本と台湾の防衛に動く――。第1次トランプ政権で大統領補佐官（国家安全保障担当）を務めたマクマスター氏は2024年5月のインタビューで、トランプ氏は日本の戦略的重要性を確信することになるとの見解を示した。

マクマスター氏はトランプ前政権時に17年2月から18年3月まで米ホワイトハウスで外交・安全保障政策を主導した。

トランプ氏とは当時、外交関係を巡って「（同盟・有志国との）互恵関係や負担の分担について話していた」という。「米国の利益は何か。なぜ米国はこれをしなければならないのか。他の国はもっとできるのではないか」と日常的に尋ねてきたと明かした。

中国が沖縄県の尖閣諸島を含む日本の領土を攻撃した場合、トランプ氏が日本を守るために報復するかと問うと、マクマスター氏は「彼は条約を順守する」と述べた。日米安全保障条約第5条は米国による日本防衛の義務を定め「尖閣は日本の一部であり、条約の適用対象だ」と話した。

米政府の試算では、中国の侵攻で台湾の半導体生産が停止すれば世界経済は最大で年間1兆ドル規模の打撃を受ける。侵攻後の数年間は年間6000億ドルから1兆ドルの損失を被るおそれがある。威圧的な行動を強める中国の抑止には「日本、特に沖縄が重要だ」と唱えた。

マクマスター氏は「戦争を未然に防ぐのは戦争するよりはるかに安上がりだ」と説いた。日本の防衛費増額を評価し「軍事的、外交的に同盟関係を強固にし、日米が足並みをそろえれば侵略者になり得る国、とりわけ中国に強いメッセージを送れる」と提唱した。

ハーバート・マクマスター氏(H. R. McMaster)

米共和党のトランプ大統領のもとで2017年2月から18年3月に大統領補佐官(国家安全保障担当)。元陸軍中将で、湾岸戦争やイラク戦争など実戦・現場経験が豊富。大統領補佐官当時を回顧する「At War with Ourselves」を24年8月に出版。

「台湾防衛、戦略的曖昧さを捨てよ」

―マット・ポッティンジャー氏

11月の米大統領選挙でトランプ氏が復権したら、有事の際に台湾を防衛する意思を明確にすべきだ――。第1次トランプ政権で大統領副補佐官（国家安全保障担当）を務めたマット・ポッティンジャー氏は2024年5月のインタビューで、中国による台湾侵攻への米国の介入を意図的にぼかす米歴代政権の基本路線「戦略的曖昧さ」を捨てるべきだと強調した。

バイデン政権は公式には「戦略的曖昧さ」を維持する半面、「これまでに4回、戦う意思があると明言している」（ポッティンジャー氏）。台湾防衛について明言を避けているトランプ氏について「中国が西太平洋で戦争することを許さず、武力で応じる方針を示すなら、抑止力を強化し、2期目のトランプ政権が安定と平和を維持することに役立つ」と語った。

米軍幹部は中国軍が27年までに台湾に侵攻する能力を完成させるとの見方を示している。台湾海峡を「沸騰する堀（The Boiling Moat）」と呼び、同名の著作を近く出版するポッティンジャー氏は「米国、台湾、日本が戦争への準備を整え、強化すれば、中国を抑止できる可能性は十分ある」と話した。

第1次トランプ政権の対中政策に関して「北京と対立し、代償を科すことをいとわなかったのは正しい路線だった。2期目も貿易を巡って北京に厳しく臨むことは間違いない」と評価した。

バイデン政権が掲げる「競争の管理」は「1970年代の旧ソ連との冷戦時のデタント（緊

張緩和）政策の焼き直しにすぎない」と断じた。「多くの歴史家がデタントは効果的ではなかったと判断している」として「競争の管理ではなく、競争での勝利を目指すべきだ」と訴えた。

中国共産党の体制崩壊を目標に据えれば、中国の暴発リスクがかえって高まりかねないとの質問には「体制転換を政策目標として明言したわけではない」と説明。「旧ソ連のような敵対的なレーニン主義体制を封じ込めれば、米国が転覆を目指すからではなく、その体制の自重によって自然と崩壊し始めるだろう」との見解を示した。

マット・ポッティンジャー氏（Matt Pottinger）
タカ派の中国専門家。ジャーナリスト、米海兵隊の出身。2017年にトランプ前米政権の米国家安全保障会議（NSC）に加わり、19年から国家安全保障を担当する大統領副補佐官。21年1月の米連邦議会占拠事件直後に辞任した。現在は米シンクタンク、民主主義防衛財団（FDD）中国プログラム長

あとがき

ドナルド・トランプ氏が再びアメリカ合衆国の大統領に選ばれた。本書では、選ばれたトランプ氏ではなく、選んだアメリカの有権者に注目して２０２４年の大統領選挙を描いた。

誰がどのような思いでトランプ氏に一票を投じたのか。あるいは、投じなかったのか。こだわったのは、それぞれの有権者の最終的な決定だけではなく、なぜそのような結論に至ったのかをできるだけ丁寧に取材し、伝えることだ。

選挙期間中、30人ほどの記者が全米に散らばって取材を進めた。インタビューした人の数は少なく見積もっても数百人、おそらく千人は超える。この膨大な「生の声」が本書のベースであり、強みでもある。

もちろん、取材に応じてくれた人々すべてが日本のメディアに１００％の本音を語ってくれたかは分からない。ただ、言葉の端々や表情、しぐさにその人の思いは必ず表れる。激戦州に何度も足を運び、人々の声に耳を傾け続けるうちに、トランプ氏やハリス氏が彼らにどのように映っているのかが浮かび上がってきた。

こうして記者が足で集めた情報が米国の有権者の全体像を正確に映しているかを確かめるうえで、本書ではデータ分析にも力を入れた。データジャーナリズムの訓練を受けた記者による各種調査の分析をコラムとして掲載した。ルポで語られた内容と、データから読み取れる有権者全体の投票行動は重なり合う部分が多かった。あわせて読んで頂くことで、有権者がトランプ氏を選んだ理由が立体的に捉えられるように構成した。

一方で、本書であまり踏み込んでいないこともある。トランプ氏という人間の本質がどこにあるのか、トランプ氏が大統領になってアメリカが今後どのような国になっていくのか、世界はどんな影響を受けるのかといったテーマだ。重要なテーマではあるが、不確かな事柄について推測を交えて書くことは書籍というメディアの性質になじまないと考えた。

いま確かに言えることは、再び訪れた「トランプの時代」がどのようなものになろうとも、それを選択したのはアメリカの有権者だということだ。

アメリカに限らず、日本でも、欧州でも、あるいはほかの多くの地域でも、伝統的な政治体制に対する不満が高まり続けている。問題の所在や解決方法を一見分かりやすく示してくれる「強いリーダー」を求める傾向も増すばかりだ。

アメリカの有権者がなぜトランプ氏を選んだのか、対抗馬だったハリス氏になぜ背を向けたのかを知ることは、こうした政治情勢と向き合うための第一歩となる。本書がそのための一助となることを願ってやまない。

2025年2月　ニューヨークにて

米州総局デスク　石川　潤

取材班

編集

石川潤

取材

ワシントン

大越匡洋、坂口幸裕、飛田臨太郎、芦塚智子、赤木俊介、高見浩輔、
八十島綾平

ニューヨーク

朝田賢治、川上梓、吉田圭織、三島大地、清水石珠実、竹内弘文、弓真名、
佐藤璃子、野一色遥花、長尾里穂、秋田咲、斉藤雄太、伴百江、西邨紘子

シリコンバレー

中藤玲、山田遼太郎、清水孝輔、渡辺直樹、藤生貴子

ヒューストン

花房良祐

私たちは、トランプを選んだ

2025年2月25日　1版1刷

編者	日本経済新聞社 米州総局
	©Nikkei Inc., 2025
発行者	中川ヒロミ
発行	株式会社日経BP
	日本経済新聞出版
発売	株式会社日経BPマーケティング
	〒105-8308　東京都港区虎ノ門4-3-12

ブックデザイン	沢田幸平（happeace）
DTP	マーリンクレイン
印刷・製本	三松堂株式会社

ISBN 978-4-296-12416-9
Printed in Japan

本書の無断複写・複製（コピー）は、著作権法上の例外を除き、禁じられています。

購入者以外の第三者による電子データ化および電子書籍化は、私的使用を含め一切認められていません。

本書籍に関するお問い合わせ、ご連絡は下記にて承ります。

https://nkbp.jp/booksQA